imaginist

想象另一种可能

理
想
国

imaginist

茅海建 著

历史
的
叙述方式

上海三联书店

图书在版编目（CIP）数据

历史的叙述方式 / 茅海建著 . —上海：
上海三联书店，2019. 4（2019.12 重印）

ISBN 978-7-5426-6639-0

Ⅰ. ①历… Ⅱ. ①茅… Ⅲ. ①中国历史—近代史—文集
Ⅳ. ① K250.7-53

中国版本图书馆 CIP 数据核字 (2019) 第 044818 号

历史的叙述方式

茅海建 著

责任编辑 / 殷亚平
特约编辑 / 黄旭东
装帧设计 / 彭振威
内文制作 / 陈基胜

出版发行 / 上海三联书店
　　　　　（200030）上海市漕溪北路331号A座6楼
邮购电话 / 021-22895540
印　　刷 / 山东鸿君杰文化发展有限公司

版　　次 / 2019 年 4 月第 1 版
印　　次 / 2019 年 12 月第 2 次印刷
开　　本 / 1168mm×850mm　1/32
字　　数 / 180千字
印　　张 / 9.125
书　　号 / ISBN 978-7-5426-6639-0/K・522
定　　价 / 54.00元

如发现印装质量问题，影响阅读，请与印刷厂联系调换。

目 录

张库大道与西伯利亚大铁路

就在不久前（2016 年 6 月），我用了整整两个星期的时间，做了一件"思出其位"的事情——去了外蒙古（蒙古国）和外外蒙古（俄罗斯联邦布里亚特共和国，布里亚特是蒙古的一支），然后沿着西伯利亚大铁路，从乌兰乌德到赤塔、后贝加尔斯克、满洲里，回到哈尔滨。原订计划还包括尼布楚（涅尔琴斯克），但出于奇特的原因，未能成行。我之所以这么做，是想实地考察一下清朝历史上非常有名的"张（家口）库（伦，即今乌兰巴托）大道"和世界历史上非常有名的"西伯利亚大铁路"。

无论是张库大道还是西伯利亚大铁路，都不属于我专题研究的范围，也不是今天能够看到或体会到其伟大功用的壮丽景象。张库大道在历史上的灿烂辉煌，今天已难觅遗迹；西伯利亚大铁路修建时的伟大设想，从未实现。我之所以花去这么多的时间（其中还包括大量的前期准备），只是为了满足我的知识好奇。这些毕竟是在历史上意义重大的道路——它们在史籍中所占的地位太重要、所占的分量太庞大，以至我在教学与研究中时常会与之不期而遇——能够站在实地想象当年，稍稍有点"凭吊""怀古"的意味。历史学家最幸运的事，就是有机会能重返历史现场。

俄罗斯商队的北京贸易

事情还需从头说起。要说张库大道，先得说说俄罗斯商队。

俄罗斯人越过乌拉尔山以后，一路东行，于17世纪中叶侵入黑龙江流域。1689年（康熙二十八年），清朝与俄国签订了第一个双边条约《尼布楚条约》，规定了两国的东部边界，也允许两国之间进行商业贸易。

最初的中俄商业贸易以俄罗斯商队，尤其是国家商队的形式进行：商队大约经尼布楚到达呼伦贝尔、齐齐哈尔一带，然后南下，由喜峰口进入北京。交易的地点在北京。俄罗斯商队的主要商品是上等皮毛，多是俄罗斯西伯利亚和远东地区当地民人的"进贡"（税收），存放在俄国财政部在西伯利亚和远东的仓库里。上等皮毛在俄罗斯欧洲地区并非稀有，运回的成本也大，若运到北京销售，换回俄国所需的丝绸、瓷器等东方商品再销售，有着较大的利润，也有助于解决俄国东部地区的财政困难。这是对俄国政府极其有利的交易。清朝此时实行官员章服的等级制度，每一等级的官服，有相应的皮毛配饰，上等皮毛是官场着装的必需品，有着需求稳定的市场。当然，上等皮毛也是清朝上流社会的时尚。

清朝当时与周边部分国家（朝鲜、琉球、越南、苏禄、南掌、暹罗等）建有宗藩关系。俄国当然不是藩属国，但俄罗斯商队在某种程度上却享受着朝鲜朝贡使团附属商队的优待——清朝派兵保护，提供食宿费用，还无须交税——这些用清朝的政治语言称为"柔远"的对外政策，不符合商业贸易的基本原则，市场的规则没有起到作用。这使得清朝政府并没有像俄国政府那样从中获利。清朝政府由此对俄罗斯商队的规模与进京贸易次数进行限制，但这种限制从未被认真执行过。

从中俄北京商队贸易的基本面来看，这种不那么对称、没有经济互利的贸易形式，是建立在清朝对俄外交政策的基础之上的，即考虑政治利益而不考虑本国的经济利益。当这一政治的基础发生变化时，商业贸易活动也可以随之发生变化。

山西商人的兴起

1704 年（康熙四十三年），俄国商队从恰克图、库伦、张家口一线进入北京，这条便捷的道路渐渐成为中俄商业贸易的主要通道。1727 年（雍正五年），清朝与俄国签订了《恰克图条约》，恰克图开始成为重要的通商口岸。1757 年

（乾隆二十二年），清朝关闭了宁波等处海口，实行广州一口海路通商，这是乾隆朝最为重要的对外政策转变。受此影响，不久后，俄国国家商队前往北京的贸易也被中止了。恰克图渐成清朝北方唯一的陆路通商口岸。

也正是在这个时候，中俄商业贸易的主要品种发生了变化，茶叶成为最主要的商品。我有必要说明，今天的人们对当时茶叶的地位可能会有误解，茶叶在今天毕竟只是价值很小的商品，而当时却是全球贸易的大宗。值得注意的有两点：一、在工业革命之前，全球贸易的主要商品为茶叶、香料、可可、咖啡、烟草、羊毛、皮毛、宝石、丝绸、硝石等几大宗，大多是自然界的产物（当然，后来又出现了鸦片）；二、在俄国、英国等国家，茶叶课有重税，其在国家财政收入中的份额，大体相当于清朝的盐税。

也正是在这个时候，当中俄贸易的主要地点在恰克图、中俄贸易的主要商品为茶叶时，山西商人顶了上去。他们有着地理优势和历史经验：一、最初输俄的茶叶主要产于福建武夷山，两湖的茶叶后来也大量销往俄国，这些都是俄罗斯商人当年干不了的事情；二、早在明代，山西商人就有"九边贸易"的经验，对蒙古有着一定的了解，许多人懂蒙古语；三、他们在清朝政府上层有着许多人脉资源，在京城也开有较大的买卖，有利于领取当时进行北方贸易所需的相关证照；四、清朝北方地区的自然地理条件，寒冷与荒凉，也是南方商人不能承受的。山西商人由此成为主力。他们闯荡口外，由漠南蒙古（内札萨克蒙古，科尔沁等部蒙古）到漠北蒙古（喀尔喀蒙古），一直走到清朝与俄国的边界。由于恰克图已归属俄国，他们在边界南侧清朝所属地方，建立了新的贸易场所，中文名称为"买卖城"。除了茶叶，他们还经营着所有与蒙古地区和俄罗斯贸易的商品。

从福建、两湖到恰克图，茶叶的采购、分类、打包、运输等项，有着多道工序，山西商人内部也有不同的分工，许多商人只是承担其中的一项或多项。如此庞大的生意，需要大量的资金，山西商人在经营上也有许多创造，东家与掌柜各办其事，总店与分店各司其职。山西商人是一个集合名词，包含着出资人、各级管理层和下层的伙计。他们的地位是流动的，经常发生变化，即从伙计升到掌柜，由掌柜变为东家。他们的人数、资金量与经营方式，使之成为中国北方最为强大的商帮。直到今天的山西，还流传着许多"走西口"发家的故事。

贸易商品种类多样化与贸易金额之巨大，也产生了巨量的结算与汇兑；由于口外与内地匪患不断，实银的长途运输很不安全，也不方便，山西商人又发展出"票号"的生意。

张库大道

茶叶从福建与两湖运出，肩挑、车载、船运，有着多种方式。然而要运到蒙古地区和恰克图，须经过沙漠、戈壁

19世纪末、20世纪初的张家口，张库大道的起点

和草原，最为经济合理的运输方式是驼运。由此，所有运往口外的货物，特别是茶叶，都必须先运到张家口，然后进行拆装，由驼队运往库伦、恰克图及整个蒙古地区。张家口由此成为商品集散地与转运站。

明代的张家口，最初只是长城的一个小口、小的军事堡垒，后与蒙古俺答汗部互市，主要是马匹与粮食的交换；到了清代，成为内地行省与蒙古地区商业贸易的中转站，城市稍有扩大，人口亦有增加。待到中俄茶叶贸易发展起来，张家口异军突起，成为清朝北方最重要的商业城市之一，也成为山西商人的大本营。

虽然从张家口进出的商品缺乏准确的记录，但由于茶叶的重税，俄方有着相对可靠的数字。1850年，恰克图进口的茶叶达296618普特（相当于4875吨）。如此巨量的茶叶，有着相当大的重量与体积。从俄国输入的商品也发生变化，毛皮减少了，毛毡呢绒增加了，体积与重量也增加了。随着贸易的发展，由张家口到库伦，再延伸到恰克图的道路，因其便捷、经济而成为最重要的商道，史称"张库大道"。要在这条商道上经营运输，只能大量使用骆驼。俄方的史料记载，在这一地区从事运输的骆驼超过30万头（这一观察结论不知是否确切），相对于这个地区的人口，已经是相当庞大的数量。

库伦即今天蒙古国首都乌兰巴托，当时是喀尔喀蒙古哲布尊丹巴呼图克图的驻锡地，也是清朝库伦办事大臣的驻在地，是一个宗教中心，也是次一级的政治中心（当时喀尔喀蒙古的政治中心在乌里雅苏台）。由于地处南北两山之间，中间有河流通过，形成一个小气候；加上又处在商路之冲，成为各驼队休整的佳地，山西商人多于此安营扎寨，库伦遂成为这条商路上最重要的中转站与多种商品集散地。

由此可以看到这样的景象——从张家口输出茶叶及日用百货，运往漠南和漠北，沿途销售，其中一部分茶叶由库伦再远销到恰克图；然后从俄罗斯进口毛毡（建蒙古包用）、初级工业品、呢绒和上等皮毛，毛毡与初级工业品销到蒙古地区；再购买蒙古的牛、羊、马和普通毛皮，与俄罗斯的部分呢绒和上等毛皮一直运往张家口。当时没有今日的冷库车，成群成群的牛、羊、马，一路赶到张家口，以供京城和华北各地之食用或役用。当时没有今日的化学纤维，皮袄是北方人们过冬之所需，数以万计的皮张送到张家口加工制作，使之成为中国的"皮都"。

我没有从张家口一路走到库伦，而是从香港直飞乌兰巴托（库伦）。在乌兰巴托的博格达汗宫（第八世哲布尊丹巴呼图克图的居所）中，看到了一幅清代的库伦地图，在库伦的东南角，画有一处小的居民点，蒙文注明"买卖城"。这是库伦的"买卖城"！应是当年山西商人在库伦的聚居经商之地。我也在博格达汗宫中看到一座废弃的铁钟，上面的铭文是：

库伦众商贾甲、社等恭诚新造关帝庙钟志：昔闻夏王铸鼎，以象九州。汉帝建庙、铸钟、造鼓，以显神威，万邦咸宁。凡古昔之前型，为今时之利……今甲、社倡举虔诚，即从归化城选择良工巧匠，敬心铸造新钟一口，以续前人诚敬之意耳，以勠胜事，庶乎万古不朽者也。谨序。十二甲首：源发乾，王履□；广全泰，沈广湖；义合德，武凤龄；义和忠，田治元；永茂盛，武缵烈；义和盛，陈锭；元盛太，王□；豫合昌，张文郎；兴隆魁，温世进；源泉涌，王芝兰；万□亿，麻著芳

散落在乌兰巴托博格达汗宫院中的铁钟，记录了当年山西商人的组织与活动

……本庙住持道衲李信晖奉题。大清咸丰十一年十月
吉日成造。

"咸丰十一年"为 1861 年，"源发乾"等为商号，"王履□"
等为商号的掌柜。由于不让到近处拍照，我也无法将铭文
录完整。铭文看来不太雅致，可能出自商人或关帝庙住持之
手。从铭文来看，山西商人已在库伦建起他们自己的财神
庙（关帝庙），并发展出相应的商人组织。以当时的运输条
件，铁钟运送的难度与成本较大，他们从"归化城"（今呼

和浩特）请来铁匠铸造。像这样的铁钟，同行的梁教授在乌兰巴托还看见一座，陈列于蒙古国家博物馆的门前，钟上有汉、藏、蒙铭文，其中汉文为"山西丰镇府顺城街广明炉吉日造"，其后还有炉匠的名字（从山西直接运来）。

我虽然未从陆路走到库伦（以后想办法补一下），但以往在飞机上多次看到过这一地区，沙漠化很严重。当我到达乌兰巴托后，到郊外游览，恰遇大雨，四十多座的大客车居然可在草地上直接行驶。我们下车后观察地面，在薄薄的草皮之下，是密实的沙石，重车可行。同行的程教授称，这里的草"让它们使着劲儿长也长不高"。这些薄薄的植被，大约已有几百上千年的历史，一旦被人为破坏，也很难恢复。由此想到在史籍记载中，山西商人的驼队到了库伦，相当多的货物改用牛车。牛车的运力肯定大于骆驼，也更为经济。口内的货物到此，散运到喀尔喀蒙古各部，其中一部分（主要是茶叶）继续北上，运往恰克图。

迟暮的美人——恰克图

虽说是"张库大道"，但其终点并不是库伦，而是恰克图。我们一行与一批俄罗斯的教授坐着大巴，从乌兰巴托前往乌兰乌德（俄罗斯联邦布里亚特共和国首府），沿途的风光不免让人想起昔日山西商人的商队。他们正是从这条路走过去，前往位于恰克图边界南侧的买卖城。

从乌兰巴托到乌兰乌德，大巴一共用了十一个小时，恰克图正好在中间，开了大约五个小时。一路上车辆很少。虽说是连接蒙俄两国的重要国际公路，但也只有两车道。沿途人迹渐稀。刚从乌兰巴托出来时，还常常能看见蒙古包，但其配置已与历史上有较大差别——蒙古包外没有了马，而是停着一辆韩国或日本的二手车（在草地上可直接行驶）和小锅天线（可以接收卫星电视）。越往北开，人口越少，而且不再居住在蒙古包里，盖起了俄式的木房。同行的俄罗斯教授提醒说，到了冬天，这里的气温将达到摄氏零下五十度。

从张家口到恰克图，漫漫四千多里，以驼队或牛车行走，加上沿途的交易，行程将是数月。途中要过沙漠、戈壁和草原，"天似穹庐，笼盖四野"的北国风光，勾不起这些疲惫的行人"天苍苍野茫茫"的画感与诗情。严酷的冬天千里冰封，自然不能行走，许多山西商人要在当地"猫冬"。我们此行一路的餐桌上，能看到远道运来的瓜果蔬菜，价钱高于当地的牛羊肉，当年想必是稀罕物。这里生活条件之艰难，是当时富足优逸的江南商人（徽商与盐商）和广东商人（行商）无法想象的。这真是汉子方能讨的生活。

我们到达位于蒙俄边界的蒙古小镇阿勒坦布拉格，在号称"Altan Plaza"（俺答广场）的简易楼房中用午餐。餐后有点时间，我很想寻找当年"买卖城"遗迹，结果一无所获。俄罗斯教授告诉我们，所有的历史遗存到现在已经完全没有了。

位于恰克图南侧的清代买卖城

车过边界，到了俄罗斯一方的恰克图，景象一变，树多了，土层很厚，房屋也多了起来。俄罗斯教授指着路边巨大的建筑物遗存，称是过去的茶叶仓库，革命后改作学校和工厂，现在已废弃，但从残垣断壁中，依稀可领略其庞大的规模。这是当年亚洲最大的陆路口岸，被称为"沙漠中的威尼斯"，从现存的街市建筑可以想象当年的繁荣景象，但毕竟美人迟暮了。

我们在恰克图的停留时间虽然很短，却有一个很好的机会，可以参观当地的博物馆。该馆可能长期无人参观，大门紧闭，当天恰好又借给当地人举行一群年轻人的成人式。经过一番联系后，我们一行成了唯一的参观者。博物馆的陈列可以说相当不错，完备而精致，提示着城市发展的历史依赖着俄国与清朝的各类贸易，尤其是茶叶贸易——各种中国风格的商业建筑老照片，由于不懂俄文，我不知道它们是建在恰克图还是对面的买卖城；一张红纸上写着汉字"沃伯勒绰伏"，大约是俄国商人按照清代样式写的名片；一个中国风格的瓷盘，中间画着"九江关"，周围是庐山诸景，提示其可能来自江西；一张当年的铜版画描绘着装载茶箱的骆驼；各色各样俄罗斯风格的茶具；博物馆门口放着两座中国样式的残钟，一座铭文写道："乾隆八年成造"，另有"任世龙、郭世龙、王文全"等人名；另一座铭文写道："风调雨顺、国泰民安、皇帝万岁"，另有"库伦众商贾□□甲、社等恭□新造关帝圣……"等字样。"乾隆八年"是1743年。"库伦众商贾"的关帝庙钟，又是如何运到恰克图，还是个谜。或许"库伦众商贾"是集合名词，包含在恰克图、买卖城经商的商人，该钟就是为恰克图或买卖城所铸？

张库大道、恰克图贸易整整兴盛了一个半世纪，到了19世纪末开始衰败。衰败的原因有多项，其中最重要的，自然是西伯利亚大铁路的修建，商道改途。到了俄国革命、蒙古革命之后，在库伦、买卖城和恰克图的山西商号被查封，资产被没收，这一条商道便完全中止了。

恰克图衰落了，魅力日减；库伦改名为"乌兰巴托"，意为"红色英雄"，成为新国家的首都；张家口也走了下坡路，不再是中国北方连接蒙古地区与俄罗斯的商业中心，只是地区的政治中心。北京西直门外早就没有了成群的骆驼，留下的只是老舍笔下的"骆驼祥子"。山西商人没落了，今天以"煤老板"的角色而再度崛起。过去的壮丽景色，就这样地过去了，也在人们的记忆中走散，平淡无声地留存于史籍之中。细心的人们若来到实地，须得认真察访，方可感受到旧日的风情。俄罗斯人依旧保持着喝茶的习俗，据说其茶叶的主要进口国是位于印度洋上的斯里兰卡。

"大博弈"——海路与陆路

工业革命最重要的标志是轮船与火车。

到了 19 世纪中后期，世界上主要的商业船舶或海军战舰都已不依赖风帆动力，而改用蒸汽动力。铁路建设也同时进入高潮，美国和加拿大的太平洋铁路是工程史上的奇迹，投资回报率高，对美国和加拿大的经济、政治和社会贡献极大。由此对比张库大道上的驼队与牛车，对比山西商人的经营方式，可以明显看出时代的差距。

同样在 19 世纪中后期，世界上有两大强国在竞争，英国与俄国，史称"大博弈"（The Great Game）。英国从海上扩张，俄国从陆上扩张，双方在中亚诸国和中国新疆、西藏等地区进行争夺，其结果一直影响到今天的政治地理。

自美国独立之后，英国最重要的商路是远东航线——从英国出发，经直布罗陀到地中海，再经苏伊士运河到亚丁，由此进入阿拉伯海、印度洋，穿过马六甲，进入中国南海和东海。当时的船舶续航能力有限，沿途需要加煤和检修，人员也需要休整。如果从远东的东京、天津、汉口出发，经过上海、香港、西贡、新加坡、科伦坡、亚丁、苏伊士运河（塞得港）进入地中海，到达欧洲大陆及英国，需要一个半月到两个多月的时间，舒适度和安全性都比较差——这条航线上有几个风浪区，大多数人都会晕船；在当时的造船技术和航海条件下，毁损或沉船事故常有发生，商业保险的费用也很高。

有没有更好的办法呢？

俄国提出了兴建西伯利亚大铁路的计划。

俄国本来在其欧洲部分已建成铁路网，并与欧洲各国的铁路网相连接。兴建西伯利亚大铁路，是指从位于乌拉尔山脉东麓的车里雅宾斯克（Челябинск，Chelyabinsk）到位于太平洋西岸的海参崴（符拉迪沃斯托克），7416公里；若与先前的铁路网相连接，即通往莫斯科、圣彼得堡，为九千多公里。按照当时的设计速度，从海参崴到圣彼得堡，火车需时为二十至二十五天，不到海上行程的一半时间，舒适度与安全性却大大提高。当时火车不夜行，每晚住在车站附近的旅店，不必经受晕船的折磨，却可以有酒会和舞会的欢快。

当时的中国和日本看得比较多的是这条铁路的军事意义——俄国可以快速向远东地区增兵——感到了军事上的威胁。从英国的角度来看，更多是经济意义，若是这条铁路成

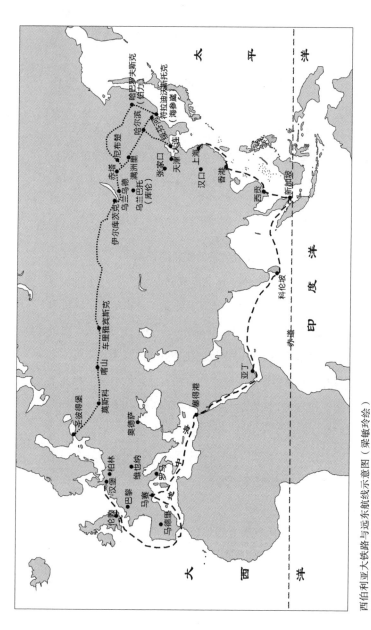

西伯利亚大铁路与远东航线示意图（梁敏玲绘）

由于展示区域过大、无法采用球形地图而用经线平展图。地球是圆的，东西距离以赤道为最远处，其余则据其南、北纬度之高下而相应缩小

功成为连接欧亚的大通道，新加坡以东的人员与货物都从这条铁路走，经过莫斯科或圣彼得堡再进入欧洲，英国的商业利益将会大大受损！

英国扼制俄国，最主要的方式是阻止其在海上扩张。克里米亚战争将俄国锁在黑海之中。所谓"大博弈"，主要是俄国从陆路的高加索、哈萨克向南推进，英国则占据了埃及、波斯、印度、缅甸和马来亚，阻止俄国入海。早期风帆动力的船舶只能近海航行，多点停泊，不像后来的蒸汽轮船可以从新加坡直航科伦坡，英国将远东航线沿途的所有地区都收为殖民地。如果俄国的欧亚铁路大通道修建成功，这些地区的价值大减，反而有可能成为负担。

道　钉

西伯利亚大铁路最美丽的地方是沿贝加尔湖的一段，依山傍水，也是工程最为艰难的地段。我去的地方是布里亚特共和国，在贝加尔湖的东侧。从历史来看，布里亚特蒙古与喀尔喀蒙古似乎是相近的一支，《恰克图条约》使之归属于俄罗斯。他们在俄国治下已近三百年，从许多方面来看，似乎已经俄化。由此，我也去过贝加尔湖边，住过那里的木屋，喝过那里的水；但乘坐火车却未经过贝加尔湖，而是由布里亚特共和国首府乌兰乌德（Улан-Удэ，Ulan-Ude）开始东行，车行十个小时，557公里，到达后贝加尔边疆区的首府赤塔。

我们上车的时间是莫斯科时间晚上十一点多，是当地时间的第二天早上四点多，整整差了五个小时。一个铁路系统只能用一个统一的时间（莫斯科时间），而五个时区的差别提示着这条铁路之漫长。我们搭乘的是从莫斯科开往海参崴的快车，全程需时据说是七天七夜。

虽说是清晨，天还不太亮，但我一眼就看到了道钉。

道钉是将铁轨固定在枕木上的钉子，过去由工人直接敲打进去。我小时候喜欢走铁路，看到的全是道钉。现在的铁路已用预应力混凝土枕，用螺栓固定，道钉看不着了。2006年，我去朝鲜，铁路大多还用枕木和道钉，让我找回了童年的记忆。后来我去美国，又看到了许多道钉，但这些铁路大多被废弃。西伯利亚大铁路上的道钉，提示着它是一条"古老"的铁路。

西伯利亚大铁路于1890年从海参崴开工，由东向西修；1891年从车里雅宾斯克开工，由西向东修。这是当时世界上最大的工程，我不知道其总投资额与工程量，但我的感觉是超过了巴拿马运河。

1894年至1895年，中日甲午战争，战败的清朝被迫签订《马关条约》，其中一项便是割让辽东半岛。这一条款明显对俄国不利，俄国联合德国与法国进行干涉，日本做出了退让，清朝再付三千万两白银赎回辽东半岛，史称"三国干涉还辽"。

1896年，俄国尼古拉二世加冕，清朝派李鸿章为头等出使大臣前往祝贺。清朝与俄国签订密约，结成共同对付日本的军事同盟，并允许西伯利亚大铁路经过中国东北地区，即从满洲里到绥芬河，长达1400多公里的"东清铁路"（后称"中东路"）。东清铁路的建设表明了俄国对中国东北的野心，同时也为其节省了一千多公里的路程，避免了许多技术难关。

1898年，俄国乘德国强占胶州湾（青岛），派舰队驶往旅顺，迫使清朝签订条约，租借旅顺与大连，并允许俄国修建从哈尔滨到旅顺、大连的铁路，即长达940公里的"东清铁路支线"（后称"中东路支线"）。俄国由此获得了远东的不冻港。从商业利益来看，对英国的威胁增大。

1900年，中国爆发了义和团运动，八国联军攻占北京。俄国同时出兵十万，以保护"东清铁路"和"东清铁路支线"为名，占领了东北诸要地，尤其是铁路沿线地区。八国联军退出北京后，俄国军队却赖在东北不退，清朝多次进行交涉，未获成功。俄国的行径使得四年前的中俄密约变成一张废纸。

西伯利亚大铁路上敲打道钉的声响，也敲打着英国与日本的神经。英国看到的是商业利益：从中国的大连到俄国的莫斯科、圣彼得堡是陆路，路程长达八九千公里；从上海到伦敦是海路，海上行程超过一万海里（1海里为1852米）。海路比陆路长一倍，火车比轮船速度快，欧亚之间的客流、货流自然会顺从经济规律，舍远求近。日本看到的是军事威胁：西伯利亚大铁路修通之后，俄国可以快速从西伯利亚乃至欧洲地区调兵，以加强其在远东的军事存在；此时中国东北地区已落于俄手，在强弱分明的军力对抗下，日本在朝鲜半岛的利益也不会坚持多久，日本最终将被俄国隔绝于亚洲大陆之外。由此，英国与日本联起手来，1902年1月，两国签订了针对俄国的《英日同盟条约》。

1903年，西伯利亚大铁路除贝加尔湖一段外，已经基本修成，其中在中国东北境内的东清铁路（包括支线）已经通车。日本等不及了，若等到全线完工，将处于军事上的劣势。

1904年2月，日本发动了对俄战争，攻占了旅顺口，并在沈阳会战中获胜。已经大体修通的西伯利亚大铁路在战争中还是发挥了一定的作用——其中未修成的贝加尔湖段，于1904年7月强行通车，夏天用轮渡，冬天摄氏零下五十度的气温使之可在冰面直接铺设铁轨。大量的俄国陆军通过铁路调到中国东北，总兵力超过了日本陆军。两军最后在四平一线对峙。

1905年，日俄两国签订《朴次茅斯和约》，俄国将东清铁路支线的南段——宽城子（长春）至大连、旅顺——割让给日本（后日本改称为"南满铁路"），并将俄国在大连、旅顺的权益转让给日本。"三国干涉还辽"十年之后，日本得以重返辽东，并将其势力范围向北伸至长春。

1906年，西伯利亚大铁路正式通车。由于《朴次茅斯和约》规定俄国人掌控的东清铁路及其支线北段不可用于军事目的，1908 年，俄国开始修建沿着黑龙江左岸的绕行铁路——从卡雷姆斯科依（Карымский，Karymskii）经石勒喀、海兰泡（布拉戈维申斯克）、伯力（哈巴罗夫斯克）到双城子（乌苏里斯克）。1916 年，绕行铁路也通车了（修建与完工的时间，是同行的李教授后来告诉我的）。这一段绕行铁路，后来也被称为西伯利亚大铁路。

2016 年，我从乌兰乌德上车时，恰是这条铁路通车一百一十年，黑龙江左岸绕行铁路通车一百年。漫长的一个多世纪，这条铁路已经过多次改造，还留有当年最初砸下的道钉吗？

后贝加尔的美丽风光

今天的西伯利亚大铁路，与美国的太平洋铁路不同，应当说是活得还很"健康"——修建了复线，实现了电气化，许多地段已改用预应力混凝土枕和紧固螺栓，而不全是枕木和道钉——其承重强度与运能，已与一个多世纪之前不可同日而语了。

我上了火车后不久，立即被窗外的景色所吸引——这是我过去很少见过的景色，许多地方属于自然的本色，即原生态。我出生在上海，后来到广州求学，在北京、上海和澳门工作，这些地方最重要的特点（或者说是缺点）就是人多，所能见到的一切都是人造的。我小时候上过"自然"

课，却无法感受到自然。

我们一行从乌兰乌德乘汽车去贝加尔湖时，经常听到俄罗斯教授使用一个词"大自然"。梁教授告诉我，贝加尔湖长约700公里，我本能地表示不信：从北京到郑州铁路长690公里，700公里或是170公里之误？然而我错了。贝加尔湖的长度是620公里，面积是3.1万多平方公里，略小于台湾（3.6万平方公里），许多地方未开发，处于自然的状态。只有到了这样的地方，才能体会到自然，才能知道自然是"大"的。

正是最好的季节，六月。正是最美的地方，后贝加尔地区。我在火车上看到了平缓起伏的大地，清澈天然的河流和许多尚未开发的植被。大自然有着许多种色彩，交错而和谐。我看到了不同层次的绿、不同层次的蓝、不同层次的黄和不同层次的白。沿途有着许多小小的村庄，零散分布。沿途也有人迹不显的地方——有一次看表，车行三分钟，我没有看见一个人、一匹马、一头牛、一只羊——这才真是"天造地设"的美丽风光。李教授对俄罗斯列车员说道，你有一份世界上最美好的工作，可以连续看七天七夜的美景！

从莫斯科到海参崴，铁路长度为9289公里（走黑龙江左岸绕行铁路），特快列车"俄罗斯"号按时刻表计，行程约146小时，平均时速为63公里。从莫斯科到北京的火车依旧开行，K19/20次，每周一发车，8981公里，行程近146小时，平均时速为60公里。我在赤塔火车站看到莫斯科到平壤的国际列车，将由俄罗斯滨海地区继续向南，过图们江，经罗津而到达平壤。那是世界上路途最长的国际列车，10272公里，行程据说是骇人听闻的211小时！

在火车上看七天七夜的美景，如此闲情逸致的浪漫生活实在太难得。虽说火车速度比最初的设计要快出许多，但到了21世纪，大多数人还是会另有选择——从莫斯科飞到北京只需七个多小时，飞到海参崴只需八个多小时。根据一般的惯例，国际列车与特快列车会快一些，西伯利亚大铁路的火车速度大约相当于中国铁路大提速之前。

我不是铁路工程的专家，但我知道，火车的特点是不善爬坡。一个多世纪之前的机车动力较小，对坡度的要求比较高。俄国工程师在修建西伯利亚大铁路时，根据当时的技术、工期与资金，主要采取随着地形找平的方法，有着许多弯道，尤其是赤塔到后贝加尔斯克一段。一些弯道的曲线半径，以我目测来看，很可能小于三百米，通过时只能减速。西伯利亚大铁路若要大提速，需要进行截弯取直的大工程。然而，相对于当地日趋减少的人口、宁静安详的生活、色彩缤纷的大自然，还真的有必要去兴建大工程、进行大提速吗？

赤　塔

西伯利亚大铁路作为联结欧亚的大通道，可谓生不逢时。前已说明，1906年全线通车时，俄国已失去大连和旅顺，失去东清铁路支线的南段，即失去了远东的不冻港，欧亚陆上大通道的设想已经大大打了折扣。1914年，第一次世界大战爆发。1917年，俄国革命爆发。1918年，日本、美国等国出兵西伯利亚，其中日本兵力最高时达七万人，占据了海参崴、伯力和赤塔等地，直到1922年才退出。1924年，苏联政府与北洋政府商定联合经营中东路及支线北段。1929年，"中东路事件"发生，苏联军队攻入满洲里、海拉尔等处。1931年，日本发动"九一八事变"，占据了中国东北。1935年，苏联将其控制的中东路及中东路支线北段以1.4亿日元卖给伪满洲国。在这样连续发展的局势之下，西伯利亚大铁路不可能成为欧亚陆上大通道，远东的人员与货物，继续经上海、香港、新加坡等处向西，由海路往欧洲。以后的历史更是为人所熟悉——苏军进占中国东北、中国国共内战、中华人民共和国成立、朝鲜战争、冷战、中苏对抗……这条铁路最主要的用途凸显为军事。到了20世纪七八十年代，大型民航飞机、巨型集装箱货轮的出现，铁路的重要性开始下降，在许多发达国家，尤其是人口稀少地区，铁路衰败了，高速公路和大型卡车又加剧了这一趋势。西伯利亚大铁路从人们的视野中淡出。

然而，西伯利亚大铁路的兴建，对当地经济与社会的发展还是起到了重要作用，赤塔就是其中一例。

赤塔，俄文作 Чита，英文作 Chita，音译，没有"红色之塔"之意。梁教授又告诉我，赤塔在布里亚特语意为

"黏土"，在埃文基即鄂温克语意为"白桦林"，是当地人的地名。

俄罗斯向东扩张时，哥萨克为其主力。他们是骑马的人群，有着半军事化的组织，在西伯利亚和远东地区建起一座座木制的营寨，过着农耕兼狩猎的生活。西伯利亚还是政治犯的流放地。赤塔最古老的建筑是一座木制的东正教教堂，现为十二月党人的纪念馆。来往西伯利亚的重物运输主要依靠河流，夏天行船，冬天在冰上驾驭马车，没有河流的地方，依靠土路和马车，效能都很有限。

西伯利亚大铁路的建设改变了赤塔的命运。铁路和与铁路相关的工业发展起来，商人也来到此地，做起了各种买卖。帝俄时期的商业建筑依旧存在。俄罗斯导游介绍称，这些帝俄时期的商人发了大财，建起大的房屋，在楼下开店，在楼上居住。我好奇地问道这些商人做什么生意，回答竟是"茶叶"。

由于前往尼布楚的计划受阻，我们在赤塔多待了两天，看到了这个城市的许多细部，其建筑与城市规划有着明显的时代特征：帝俄时期的、苏联早期的（斯大林）、苏联中期的（赫鲁晓夫与勃列日涅夫）和苏联后期的（八十年代）。我个人认为，赤塔最美丽的建筑还是火车站和对面的教堂（后者据说是依旧样重建的），尤其是清晨没有人的时候。赤塔保留下来的众多帝俄时代的建筑经历了一个多世纪依然风韵流芬。我在后贝加尔边疆区大学法学院门前的草地上，惊奇地发现日本所建的白碑，正面写道："日本军战病死者忠魂牌"，背面写道："大正九年七月廿日建之，大日本第五师团司令部"。"大正九年"为1920年，是日本西伯利亚派遣军留下的遗存。我还听说，位于列宁广场西侧、漂亮的后贝加尔铁路管理局大楼是战后日本战俘修建的。苏联时代的诸多建筑，提示着赤塔曾是一个军事重镇，前期主要针对日本，后期主要针对中国。后贝加尔军区在苏联入侵阿富汗战争（1979—1989）中曾经派兵一万。随着冷战结束、中苏关系缓和，后贝加尔军区撤销了，留下的军区大楼依然十分壮观威凛。我参观了后贝加尔边疆区军事博物馆，深度感受到这一时期西伯利亚大铁路的军事功用。我也参观了这个城市的自然与历史博物馆、警察博物馆和博物展览中心，并在正用于艺术展览的博物展览中心小卖部奇怪地购买到一幅朝鲜工艺师制作的简单的螺钿画，价格是4500卢布。我还试图在这个城市品尝俄罗斯的平民美食，但没有吃到著名的鱼子酱，据说是时令不合，其他美食的排名是：腌制的生鱼、红菜汤、酸黄瓜……

苏联解体后，以我个人的观察，赤塔的地位在下降。其中最主要的标志是年轻人的离开，去了俄罗斯欧洲部分。不再有苏联时期严格的居住证制度了。计划经济时期，苏联为国家战略在西伯利亚和远东地区所建的工厂，其产品大多被市场淘汰。位于乌兰乌德的东西伯利亚工程大学已改名为"工程与管理"大学，副校长向我们介绍说，该校最主要

　　　　　　　历史的叙述方式

的专业是经济管理与法律，不再是各类制造业。我们一行在铁路沿线看不到一家仍在开工的大中型工厂，却看到了许多被遗弃的厂房。市场机制已经发生作用。俄罗斯教授告诉我们，不光是赤塔，俄罗斯联邦整个西伯利亚和远东地区，都出现了同样的情况。

19 世纪末到 20 世纪初，铁路代表着最先进的科技与工业成就，魔术般地创造出沿线一座座新的城市。一百多年之后，情况发生变化。

当我们离开赤塔，乘坐火车前往中俄边界的后贝加尔斯克（Забайкальск，Zabaykalsk），一路上看到的是风光绚丽、经济凋零的景象。

"红色通道"

从后贝加尔斯克到满洲里，我们过的是公路口岸，手续极其繁复。当我们一行历经麻烦终于回到满洲里，自我感觉就像回到祖国的怀抱，却发现满洲里正在全力拥抱俄罗斯。

满洲里现存的大铁路时期的俄式建筑得到了最高级别的保护——被列为全国重点文物保护单位。李教授选择了一家俄式"木刻楞"旅馆，便宜且可了其怀旧情结。城市新区建造的大型仿俄建筑群"套娃广场"，让车上的俄罗斯女孩们都尖声叫了起来，在西伯利亚和远东地区都没有见到过这样"漂亮"的建筑——仿羊皮都快成了真羊皮——李教授评论道："主动俄化。"

我在满洲里停留的时间只有几个小时，抓紧参观了"国门"，其中的"红色旅游"展厅，印象颇深。这里原来是中苏会谈会晤室，扩建后辟为展览馆，介绍满洲里当年是中共与共产国际的"红色通道"，许多中共人士由满洲里前往苏联。"红色通道"自然是满洲里历史的一部分，且是较小的部分，选择这一部分历史作为城市的集体记忆，反映出选择者的主观意志——强调中国革命者与苏联的历史联系。我在靠近铁路的居民区小广场上看到周恩来石像，基座上的文字说明其建造的理由：周恩来曾经由满洲里前往苏联。

满洲里一直是个铁路小城，在奉系（东北军）时期、伪满洲国时期，与苏联铁路相通，但有所对立。六七十年代中苏对抗渐至高峰，这里成为边防禁区。现在已不太能看到当年对立对抗的痕迹，强调的是合作。最近二十多年对俄经贸合作，使得这个原本只有两万多人口的小城发展成三十万人口的中型城市，与人口渐稀的对面，形成极大的反差。新来的人口，新建的道路与建筑，给人以新的期盼。我坐火车离开时，看到新区华厦霓虹灿烂，朦胧中有点"夜上海"的错觉。

从满洲里到哈尔滨，即935公里的滨洲铁路，1903年通车，是我这次铁路考察的最后一段，也是自乌兰乌德上车之后路况最好的一段。全部建成复线，完成截弯取直，火车速度很快。电气化的工程正在进行，据列车员称，大约还有一年即可完成。这些与一天前的感受大不相同——我从赤塔上车去后贝加尔斯克，481公里，车行十二个小时。我们坐的是21号车厢，也是最后一节车厢。车到博尔贾（Борзя，Borzya），停了一个多小时，前面几节车厢开往蒙古国东部的乔巴山，最后几节开往后贝加尔斯克，旅客不多。应当说，从赤塔开行95公里后，即从卡雷姆斯科依起，这条线路已经离开俄罗斯所认定的绕行黑龙江左岸的西伯利亚大铁路，路况要差一点，且使用内燃机车。而从博尔贾到后贝尔加斯克的109公里，就更差一点，速度慢，尚未修成复线，许多地段可能与"红色交通"时期差不多。我看到了沿线施工状况，严重缺乏劳动力与机械，工期遥遥（赤塔到后贝加尔斯克的各段铁路公里数，是李教授后来专门查找的）。两边铁路的状况是大不相同的，运能相差甚大。我也隐隐生出杞人之忧——满洲里如此全力拥抱俄罗斯，对方是否有能力来接受这一拥抱。

沙俄帝国主义当年是挟着先进科技闯进来的，改变了这片沉睡土地的面貌。帝国主义有着帝国主义的目标，历史也有着历史的逻辑。1952年，苏联将中东路和中东路支线交还给中国，生活于此的人们善待这笔遗产，并注入了新的生气。火车上旅客甚多，挤得满满当当。沿线人口稠密，农业发达。同车厢一位博学的退休官员是学习国民经济管理出身，却与我谈起晚清外交官胡惟德和首任驻法公使曾纪泽，让我大为吃惊。他告诉我，黑龙江乃至整个东北地区都已开发完毕，没有处女地了。这何尝不是一个多世纪以来铁路带来的变化？中华民族又有了自己新的繁衍之地。沿线有着富拉尔基、大庆等等大型厂矿，有帝俄、苏联留下的，也有自我开发的。沿线还依稀保留着大铁路时期的俄式建筑，保护的情况却不太好。在昂昂溪站，站务员指着车站对我说，"这是老毛子（俄国）盖的"，又指着天桥对我说，"那是小鬼子（日本）修的"。一路上我想得较多的是如何看待帝国主义，正如我是上海人，经常要想上海的历史一样。

快到站了。到站了。我站在巨无霸式的哈尔滨西站站台上，等着来接我的学生，看到对面的高速火车，瞬间的感受无可名状——从张库大道、西伯利亚大铁路，到已经建成的哈（尔滨）大（连）高铁（与当年东清铁路支线的路线完全相同）——两个星期的时间，三百年的沧海桑田。

大铁路牵来的"新"城市

中央大街原名中国大街，是哈尔滨当年与现在最重要的商业街。当我观看这条街上的景色，很难与相应的历史对照起来。自其开始建设以来，战争与革命不断，掰着手指头算算也没过上几年太平日子，却到了上世纪二三十年代，出落得如此亭亭玉立，被称为"东方小巴黎"，成为上海、天津、汉口之后中国排名第四位的"十里洋场"。这是那个年代的"深圳速度"，也反映了当年强劲的市场需求和投资者的预期。大街上卖着各种俄式本地土产——列巴、红肠、啤酒，也卖着各种我在俄罗斯都没有见过的俄罗斯商品。我在马迭尔（Modern，俄式发音）饭店门口吃着冰糕，奶味很足，不知是否仍为当年的俄式配方。人们的眼光，似乎都在寻找旧日的倩影。

历史是可以亲近的，不仅在史籍里，也在于现实之中。历史学家携着史籍中的知识，果敢地重返历史现场，所获得的知识是叠加的，所获得的感受是自然的，会有批判，会有同情，更多的是理解，也能距历史的真实更近。

哈尔滨是大铁路牵来的新城市。当时一些中国人不太喜欢"铁路"这种新科技，于是铁路便绕开黑龙江将军驻地齐齐哈尔，从昂昂溪穿过，避开吉林将军驻地吉林（今吉林市），从宽城子（长春）穿过，就像津浦铁路躲着崇敬的曲阜、强势的清江浦（淮安）和富庶的扬州一样。1897年，俄国人选定松花江畔的这个渔村，举目一望无际，可以看到平原的日出和平原的日落。六年后，东清铁路及支线通车，这个城市已初具规模。到了今天，哈尔滨很可能成为这条旧日大铁路上莫斯科、喀山以东最大的工商业城市。

今天的哈尔滨市区，随处可见当年帝俄、苏联留下的痕迹。道里、道外、东大直、西大直，显示着城市最初设计者的意图。松花江大铁桥建成于1901年，全长一千米，世界一流的工程质量，服役一百一十三年，最近才退役。我站在桥上心想，比照今天的施工条件，此桥算得上是手工巨作；又以我较差的审美情趣，犹觉此桥比旁边的新桥更为楚楚动人。著名的哈尔滨工业大学，最初是中东铁路技术学校，苏联专家曾经来此授课。HIT（Harbin Institute of Technology）的英文译名，又让人联想起著名的MIT（麻省理工学院）。当年的男生宿舍（不知是否还有当年的女生宿舍），现为该校的社会科学学院。哈尔滨工程大学是当年苏联专家帮助建设的"哈军工"，有五座当年盖的老楼。大楼的墙厚让我感到了轻微的震撼，以我目测来看，超过七十厘米。

走着走着，不尽如人意的感受顿出。这个城市旧的保护得不太好，新的也建设得不太好。一个新生的城市，怎么就在不经意之间一下子变成了"老工业基地"？我曾在火车上问过那位博学的退休官员："东北的老工业基地能不能振兴？"他迟疑了一下，答曰："有可能。"

哈尔滨最美丽的建筑还是索菲亚教堂，也是我离开前的最后一景。最近的一次维修做得很到位，修旧如旧，没有添加新的东西。教堂也没有人为地刻意恢复成东正教教堂的样式，而是辟为博物馆，展示了这个城市的老照片。我看着一张张老照片，内心的感受有如风起云涌——在那个年代就达到了那么高的成就，美丽，摩登，具有国际性。今天的哈尔滨人还敢自称是"东方小巴黎"吗？巴黎这个世界上保护最好的古老城市最根本的精神是趋新，是时尚之都。这个由上个世纪的先进科技牵来的城市，只能用这个世纪的先进科技去自赎。历史就是这样过去的，就像张库大道上难以察觉的遗痕一样。想着想着，自觉可笑。我只是历史学家，现在和将来本与我无涉，应交给经济学家与政治学家去思考。索菲亚教堂外的广场上，一群孩子正在玩"捞鱼"的游戏，还有一群摄影师坐在那儿休息，随时捕捉着光线变幻的瞬间。我看见了一个老镜头，皮腔折叠式，带着四根小柱，大约已有七八十岁，十分精美，却配着新款的索尼 α7 全画幅数码机身。

⋯⋯⋯⋯⋯

当我结束这次考察，从哈尔滨飞往上海，久久地呆呆地看着窗下绿色的大地，心情已渐如止水。历史就是这样一页页翻了过去，既然翻了过去，就不必也不太可能再翻回来了。

2016 年 7 月 13 日在北京大学经济学院第四届量化史学年会主题演讲，18—23 日修改于横琴。刊于《东方早报·上海书评》2016 年 8 月 28 日

在越南的学术访问

　　很长时间以来，我们的学术研究似乎太过于注重欧、美、日等发达国家，对于一些重要的邻国，比如越南等东南亚国家，研究较少。而有限的研究又似乎过于关注其现状，对其历史与文化的研究就更少了。据我所知，我们对于越南历史与文化的研究，要弱于日本与美国，这是不应该的——从历史来看，从文化来看，中越两国之间的关系是绵长的。

　　也正是基于这个理由，两年前（2012年），当我有意推动对越南历史与中越关系史的研究，准备派硕士研究生去越南学习语言和历史时，得到了华东师范大学研究生院的全力支持。该院领导当时对我讲的话，让我今天想起来都很感动。2012年夏天，华东师范大学历史系派出两名硕士研究生去越南河内师范大学学习，时间为十八个月，对他们提出了"会听、会说、会读、会写"越南语言的要求，其中前三项要求达标，后一项争取达标。

时间很快过去了，到了2014年2月，两位学生的学习期限到了。于是，我与历史系主任崔丕教授一同去越南，进行学术访问：一方面是检查两位学生的学习情况，另一方面是看看对于中越两国之间的学术交流，还有什么事情值得去做。

日程安排与一般印象

由于工作安排所限，我和崔丕教授是2月9日（农历正月初十）晚上到达河内的，对越南来说，也是新年期间，一些学校尚未开学或刚刚开学。当主人知道我们的目的后，最大限度地满足了我们的要求。由此，我们在短暂的时间内，先后访问了河内师范大学社会科学研究院和历史系、胡志明国家政治与行政学院胡志明与国家领导人研究所、越南社会科学院历史研究所和中国研究所、河内国家大学历史系、顺化大学历史系、胡志明市国家大学历史系、胡志明市师范大学历史系。以上一共是九个单位，经常是一天两个单位，上午一个，下午一个，非常紧凑。每次皆是以座谈的方式进行，对方少则四五人，多则二十多人，谈话的方式也比较直截了当，以能在最短时间内了解具体情况，学到相关的知识。到了2月17日晚上访问结束时，在胡志明市国际机场，我和崔丕教授开玩笑说，我们可能是认识越南历史学家最多的中国学者了。

出于我们个人专业的缘故，我们对河内师范大学、河内国家大学、顺化大学、胡志明市国家大学、胡志明市师范大学五个历史系及越南社会科学院历史研究所的访问，收获也更大些。两个国家的学术道路有相似性，中国从"文革"中解脱出来，越南从战争中摆脱出来，比较容易理解对方的学术生态。从总体来看，越南的历史学界已经有了很大的起色。

在我们访问的五所大学中，历史系招收的本科生数量是比较大的，如胡志明市国家大学历史系每年招收 200 名本科生。本科生的学制四年，其学位称作"举人"！本科生也有留校者，大多从事教辅工作，个别人可以当老师。硕士生的学制是两年，有课程，也要写论文，优秀者可以留校做老师。博士生大多是留校老师继续攻读学位者，也有个别人从事其他职业，按照中国的说法，可谓"在职读博"。我问了一下河内国家大学历史系主任，有没有如同中国、美国和大多数国家那种"专职读博"的学生，他告诉我，该系没有。更加引人注目的是，其学位称作"进士"！

越南的大学制度虽说与世界各国大体相似，但全国有五所大学下面还设有大学，即河内国家大学、胡志明市国家大学、顺化大学、太原大学和岘港大学。如河内国家大学，下设多所大学，人文社会科学大学、科学大学、外语大学等等。让我们感到比较麻烦的是，上一层的总大学和下一层的分科大学，越南语的名称一样。在我收到的名片中，有些学者将下一层的分科大学英译为"COLLEGE"，也有一些学者将下一层的分科大学英译为"UNIVERSITY"。也就是说，前面提到的"河内国家大学/胡志明市国家大学历史系"，准确地说来，应是"河内国家大学/胡志明市国家大学人文社会科学大学历史系"；而"顺化大学历史系"，应是"顺化大学师范大学历史系"。在一般人的称谓中，经常省去上一层的总大学，只称下一层的分科大学，不知两级组织在实际运作中的相互关系，是否下一层的分科大学更具独立性。我对此曾有询问，但仍不得其要领。

河内师范大学历史系、河内国家大学历史系的师资力量应当说是比较强的，他们中间的许多人曾在俄罗斯/苏联和东欧国家取得博士学位，近些年来也有人在西方国家的大学，如巴黎第一大学（先贤祠—索邦）、莱顿大学，取得博士学位。最近几年，越南各大学向中国派出大批留学生。河内师范大学历史系、河内国家大学历史系和越南社会科学院历史研究所，都有派往中国的留学生，分别在中国人民大学、吉林大学、中山大学、武汉大学、厦门大学等校攻读博士学位。华东师范大学也有不少越南留学生。我们来不及进行精确统计，只是大约估计，在这两所大学历史系师资力量中，在国外大学获得博士学位者约占三分之一。这个比例远远高于中国大学的历史系。

同中国一样，越南历史学界也有国家级、部级（教育部、社科院、国家大学）研究课题，据称，国家级的课题资助最高可达人民币三万元，部级课题资助最高可达人民币一万元。一些单位，如越南社科院历史研究所，还设有给本单位人员的所级课题（据称有二十三个之多，没有询问其资助力度有多大）。然而，这些课题经费都是给单位或研究组的，没有给个人的。历史学的研究，虽然有单位主持、多人合作的做法，但从世界的经验来看，更适合于个人研究。我们也向他们介绍了目前中国历史学界更注重个人研究的做法，他们表示理解。

在访问中，越南社会科学院历史研究所向我们赠送了一年的所刊《历史研究》（据称是越南历史学界的最高刊物，学者在该刊上发表文章很难），我们也收到一些赠书；但我们不懂越南语言，对他们的学术研究程度，还不能做出准确的判断。

尽管我们提出了访问越南各个档案馆的要求，然到了最后，也没有能走进任何一个档案馆，以结识那里的馆员，了解相应的馆藏。我们由此推测，越南的档案开放程度，仍然是相当有限的。

走马观花，浮光掠影，所观看、所了解的一切，应该只是表面的，缺乏深度；但给我们留下的深刻印象是，越南的中国研究超过了中国的越南研究。越南社会科学院设有专门的中国研究所，且是该院唯一的国别研究所。

教授与文庙

在访问越南的全过程中，我们发现，遇到的老师或研究人员很少是教授，大多是副教授，或者只是博士和讲师。我们为此询问，得到的答复是，越南大学只有很少的教授，河内师范大学的教授数量算是比较多的，全校共有十八位教授。

我向河内师范大学语言文学系陈登川（Tran Dang Xuyen）教授询问其评上教授的具体过程。他告称，教授的基本标准是独立培养两名以上博士、完成两项以上课题、出版一部学术著作、主编一部教材、发表一批有质量的学术论文；先是在学校内部评审，组成十五人的委员会，全面评审申请材料，必须得到绝对多数的同意票；然后是教育部进行评审，组成十一人以上的委员会，大多是全国的同行，也要获得绝对多数的同意票。也就是说，越南的教授不是学校评定的，而是由国家评定的。

仅仅从以上的标准和程序，当然看不出难度。同样的标准和程序，会产生多种多样的结果。由此，我问越南全国一共有多少位教授？没有人能回答上来。我又问越南全国一共有多少位历史学教授？他们掰着手指头数，称不超过十位。

由此，大多数老师与研究人员终生只是副教授，而且能评上副教授也很不错了，许多人以博士、讲师之职衔而退休。越南的同行告诉我们，一般的情况下，老师评上副教授要到 50 岁左右，在 40 岁评上副教授者，是越南学术界的翘楚。在我这次的访问中，见到一位 30 多岁的副教授（河内国家大学历史系）和一位刚满 40 岁的副教授（河内师范大学历史系），应当是他们历史学界的新生力量吧。

由此，河内师范大学历史系有四名教授和若干名副教授，河内国家大学历史系有三名教授（可能多为兼职）和若干名副教授，顺化大学历史系只有若干名副教授，没有教授，胡志明市国家大学历史系有六名副教授，没有教授，胡志明市师范大学历史系只有一名副教授，没有教授。按照越南的大学体制，副教授和教授可以担任博士生的导师，副教授和博士可以担任硕士生的导师。由此询问，各校招收的硕士生和博士生数量比较大，每位导师培养的学生是否会数量很多？他们回答称，经常聘请外校或研究机构的人员来担任兼职导师。

由于越南的教授与副教授不是由学校而是由国家组织评审的，教授与副教授的授职仪式，亦由国家来举行。教授的授职仪式由国家领导人主持，副教授的授职仪式由教育部领导人主持。举行仪式的地点在河内的文庙。

文庙即孔子庙。越南在历史上深受中国文化的影响，奉行儒家学说（当然也有越南化的内容），举行科举考试。河内（升龙）有黎朝时期的文庙与国子监，我们在访问之际也去参观。与中国北京的孔庙相比，河内文庙的规模要小很

历史的叙述方式

越南河内文庙

门前对联写道："大国不易教不变俗且尊崇之亦信斯文原有用 吾儒要通经要识时无拘固也尚思圣训永相敦"。该联不知何人何时所作，儒学意境甚佳，文字亦好。今天越南人已不识汉字，不知能解其意否？

多，但参观的人数却要多一些。许多年轻的女孩都在摆放的花前拍照。庙中供奉着孔子，供桌上香火不绝，前来施礼的人很多，听说每年高考之前，许多越南青年人会来文庙祈愿，以期能考上心中的大学。庙堂前东西两庑，原来应是供奉从祀的先贤先儒神位的地方，现改为旅游纪念品的商店，出售许多与考试相关的物品，其中有一种小条幅，用汉字写着诸如"高中"之类的考试吉利词语。我看见一个条幅写着汉字"杜达"，不明其意，问了一下，才知道是"及第"的意思。我又问了一下价，大约人民币二十多元，但已经卖完。另一家店也有同样的条幅，只要人民币十元，但不是手写的，而是印制的。在文庙中，也有一些人以笔墨伺候，为访客写一些汉字的条幅，挣其工值——毕竟现在的越南人基本上都不识更不会写汉字了。

河内国子监的遗址已经大体不存，但越南人谈起他们的大学历史，还经常追溯到他们的国子监，以示学术源流之久远。对比之下，中国的大学以京师大学堂（北京大学）为开端，以示新旧两种教育制度之不同。前已提及，越南的大学本科学位称为"举人"，博士学位称为"进士"，而越南社会科学院也有了"新"的古老名称——"翰林院"。

与全世界其他地方的文庙不同，越南文庙中的孔子身着帝王装。孔子与文庙在越南看来不仅是文化与精神的象征，而且也是国家权力的象征……

说起文庙中的供奉，还应提到顺化太庙与皇陵。

在访问顺化的时候，我们参观了阮朝旧宫殿的遗址，大多数建筑已在战争年代被毁。但阮朝的太庙仍旧完好，陈列着十三位皇帝（包括保大皇帝）的神主，牌位、供桌等项一应俱全，而且每一位皇帝神位前都有香烛的供奉！我们参观了阮朝三位皇帝（明命帝，1820—1841 年在位；嗣德帝，1847—1883 年在位；启定帝，1916—1925 年在位）的皇陵。皇陵在顺化城外，交通很不方便，不通公共汽车，参观的大多是外国人。我也注意到三个皇陵的供桌上都有香烛的供奉，在嗣德帝的供桌上，我和随行的学生也各插了一炷香。听顺化的同行说，这些供奉活动是由当地政府进行的。我想，他们未必是遵循儒家教义的正式的祭祀，只是善意地对待先人，不管他们在历史上算是"好人"还是"坏人"。我们在顺化的时候，正是正月十五元宵节，也时常看见街头上一小簇一小簇的香火，据说是抚慰那些孤独的亡灵。

严霆为

虽说我们此次对越南的访问时间极为短暂，而接触的人稍多，由此很难建立起清晰可靠的印象；但两国共同的经历，使我们比较容易理解对方的个人经历。也有一些学者接触虽少，但在我们头脑中留有深刻的记忆，其中一位是严霆为。

严霆为（Nghiem Dinh Vy，1947年生），出生于河内以外一百多公里的一个农村家庭，1970年毕业于河内师范大学历史系，留校任讲师，1980年在苏联莫斯科大学获博士学位；1984年起，先后任河内师范大学历史系副主任、主任、校长，河内国家大学副校长；2000年起，任越共中央科教部司长、副部长；2007年起任越共中央宣传教育部副部长，后改任高级专家。此后，他回任其母校河内师范大学社会科学研究院院长。

严霆为是华东师范大学历史系派往该校学习的一位硕士研究生的学术导师。由此，我们一行访问越南，他是接待方的主持人。我们在河内的访问过程中，只要他有时间，都会亲自陪同，这让我们很不好意思，毕竟他曾任高官，年龄也比我们大——尽管看起来比我还年轻。我们在顺化、胡志明市对各学术单位的访问，也是他操办的。

严霆为是一个办事细心的人，习惯于亲力亲为。在河内的三个早上，竟然安排让我们品尝了三种不同风味的越南米粉，我这种味觉感与生活感都"较粗"的人，愣是没有尝出太多的差别来。他也是一个坚持原则的人，在与他的交往中，可以感受到民族主义的立场。他久任高官，对于本国与本校，都有忠诚度——尽管有时也和我们开开玩笑，说说越南的政治笑话，说说个人打趣的话。还需说明的是，严霆为曾任河内师范大学的校长、河内国家大学的副校长，仍然是副教授。在河内师范大学社会科学研究院的交流座谈会中，他作为院长，介绍该院副院长、语言文学系的陈登川教授，开玩笑地说："我离开学校到党中央工作去了，等我回来之后，他成了教授，我还是副教授。"

以上所有这些，都应该是很正常的，我之所以会写他，是另外两件事。

我们一行在河内访问时，河内师范大学派出了校车，但学校校车不多，打车也是经常，严霆为时常与我们坐出租车。一次与河内师范大学历史系的同行一起去用餐，晚宴结束后，打出租车回住处。一行共五人，一辆车坐不下，需两辆车才行，而他在路边十分熟练地打电话，叫来一辆七座的出租车，以省下一点车资。在车上，我对他说，在中国像你这样的高官，很少会去坐出租车。他说，他本是农民出身，对这些也就不太讲究了。这是一。

我们一起去越南社会科学院历史研究所交流时，车上谈起各自的家庭。问及其孩子，他告诉我们，有五个孩子！那是战争的年代，很可能也有"英雄母亲"之谱（现在的越南已是"两胎化"）。让我们真正震动的是，第五个孩子出生后不久，他太太去世了。以后的几十年，他没有再娶，而是单身将五个孩子拉扯大。他告诉我们："开始的时候，孩子在乡下，父亲提供些帮助，经常要骑自行车回乡……后来孩子都到城里来了，小的孩子还很小……孩子们都很争气，大的孩子留学莫斯科时，也寄生活费回来补贴家用……现在他们都成家了，五个孩子加上他们的配偶，共有六个老师（真不愧为师范大学的校长）……有时孩子太忙，就帮助去接放学的孙子，经常一个下午要接四个……去玩具店时，别人买一个，我要买一堆……"他说这些话时，神态是完全幸福的！所有的男人都能体会到此中的艰难，在他个人事业相当成功的同时，五个孩子也都培养起来。这让我顿生敬意，甚至暗生妒意，在一个相对贫困但充满向上精神的家庭中，孩子大多比较成熟，比较有出息……这是二。

说起来都是个人的私德，但这种私德在东方国家中有着很大的垂范作用。我也听到河内师范大学的人员说，严霆为是他们的老校长，威信还是很高的……

在胡志明陵前

在越南，胡志明仍然享有崇高的地位与威信。这表现在官方，胡志明陵作为国家的重要标志，建在河内的市中心；在各公共场所的重要位置，大多有胡志明的塑像；越南最大的城市西贡，被命名为胡志明市；国家最高的政治与行政学院用胡志明来命名，且设有专门的胡志明和国家领导人研究所；各大学设有专门的讲授胡志明思想的老师与课程，各大学历史系也有专门的研究者，胡志明市国家大学历史系分为八个学科：越南史、世界史、史学理论与方法等等，其中一项是"胡志明学"……在我们短暂的访问中，也可以感到普通人对"胡伯伯"的敬意。他是越南的建国之父（Founding Father），且也没有诸如斯大林、毛泽东之类的过失。

在中国，我这个年龄的人群中，胡志明也是一个耳熟能详的英雄人物。越南抗美的一个个大捷，当时中国的报纸、广播都广为颂扬，中国各地也举行过多次声援越南人民的集会。当然，所有这些都已经过去了……

也出于这些原因，尽管我们在河内的访问安排很紧，但仍然在离开河内的前一个晚上，早早结束了晚宴，来到了河内市中心的巴亭广场（相当于中国的天安门广场）。广场最重要的位置（相当于中国的天安门），是胡志明陵。

远远地望过去，夜色中的胡志明陵，在热炽的灯光照射下也显得相对宁静。这毕竟是逝去故人的安栖处。伟人与常人的区别，不在于躯体而在于灵魂。天上下着小雨，广场上没有什么人，一些警察在扎堆聊天。走到陵前，有着白色的警戒线，高大英俊的士兵肃立守灵，警示牌用各种文字写着相同的内容，中文写的是"禁止进去"。我没有去过俄国，没有见过莫斯科红场的列宁墓，但在我的想象中，两者应有相似之处——胡志明陵是由苏联专家设计的。

在默默表示敬意后，我在巴亭广场漫步，想看看越南的降旗仪式，一直等到八点多，天完全黑了，也没有看到。我们看到了夜色中的主席府（原法属印度支那总督府）和胡志明纪念馆，看到了有名的独柱寺，也去了独柱寺旁的一个寺庙（似乎是以佛教为主、多教并存的庙宇），看着普通越南人正在做一种奇特的法事——我也很奇怪，在这个重要区域中看起来很一般的寺庙，如何能安然无损地保存到今天，没有被拆掉……

就在胡志明的陵前，我突然想到，中国与越南的关系，应当是两个主权国家之间的正常关系，千万不要追求什么特殊关系。作为历史学家，我大体知道中越关系的历史——传说、北属、独立、朝贡等多种形态交换更替；到了越南的阮朝（1802—1945，1884年后名存实亡），与法国交好与交恶，与中国的清朝恢复宗藩关系；此后是中法战争、法属时期、日本占领时期，再后是"同志加兄弟"的"友好关系"，再后又是"地区霸权主义"……所有这些，大体都可以看作特殊历史时期的特殊关系，恩恩怨怨，波澜频起。到了今天的国际环境，两国之间应当"存异"而不必刻意"求同"，对于国家利益不应有丝毫的客气，更不必去追求"友好关系"——所谓的"友好关系"，往往夹杂着国家利益的退让，最后都是靠不住的。世界上的事情，有多少恩便有多少怨，有多大惠便有多大仇。两国关系的"双赢"，通常只有理念上的意义，在至今为止的世界历史上并不多见，多见的是"双输"。不如各家过日子，来往的每一笔账都算得清清楚楚……

当我到了顺化，看到阮朝皇宫的大门为"外三内五"（外面看是三个门，里面看是五个门，其中有两个门是相通的），即"外王内帝"之用意（外面是符合朝贡礼法的"国王"的体制，里面是独大的"皇帝"的体制），这种正常关系的想法，更加明确起来——各家还是过各家的日子吧。

当然，我只是一个普通的教授，且从事专业是历史学而不是国际政治论，没有什么政治影响力。以上所言，只能是一种私议或个人心情的表达罢了。

感受到的经济生活

越南是一个经济高速发展的国家，尽管目前与中国还有一些差距。据越南人士自称，越南的"革新开放"比中国晚了十多年，而目前的经济发展水平也比中国差了十多年。但据我在越南的感受，他们的进步速度比中国快。这个一度是亚洲最穷的国家，在社会经济层面已经发生了很大的变化。

去访问越南之前，我很想了解越南的校园文化，便提出是否能住在校园内的要求。主人便安排我们住在河内师范大学的外国留学生宿舍，和刚刚开学返校的学生住在一个大院里，每天都能看见年轻的学生。虽说已是该校最好的客房，房间也很大，但仍能感觉到经济上的差距。当主人问及我的感受时，我也如实地说明，"让我重新回顾了二十年前的生活"。同行的崔丕教授告诉我，他睡觉时听到了鸡鸣声。在顺化和胡志明市，我们由主人联系住在"四星级"、"三星级"宾馆，宾馆里也有越南旅客，还不是完全只住外国人或高等越南人的"五星级"宾馆。由此，我们一行，与越南普通人之间，大约还不算"隔"。

越南经历过严重的通货膨胀，目前越南盾与人民币的比价是 3400 比 1。我看到越南票面数字极大的钞票，后面有着许多 0，心想越南人的数学一定很好——他们已习惯用大数字来做日常的交易。实际上，聪明的越南人在日常生活中习惯性地省去了三个 0，他们实行千进位，也就是多少 K，而 1K 大约等于 0.3 元人民币，而使用万进位的中国人，则以万乘三，多少万越南盾乘三，等于相应的人民币数字。

由于是第一次去越南，也不方便打听各人的具体收入，就一般地感觉来说，普通越南人的收入大约是中国的三分之一。顺化大学历史系一名三四十岁的女教师月收入为300美元。从实际购买力来估计，可能差距还不会那么大，特别是北、上、广的高房价影响下的物价。当然，针对外国人的货物与服务，越南的价格一点也不比中国低，就如北京针对外国人的货物与服务价格与纽约和东京相当一样。

据越南同行介绍，越南北方文化力量强，经济力量弱，南方经济发展快，文化发展慢。从河内与胡志明市两个城市来看，也确实如此。河内各大学的教授、副教授的数量明显高于胡志明市。从位于大楼十三层的越南社会科学院中国研究所看河内市景，高楼并不多。著名的三十六行老街，尚未得到精心的保护，显得有点杂乱，同行的崔丕教授让我注意街上的电表和电线。我们从顺化飞抵胡志明市已是深夜十二点，机场仍很热闹，旅客在"抢"出租车。从机场到宾馆的路上，街道稍显宽广，也显干净。第二天早上，在宾馆九楼用早餐，只见高楼林立，与中国一般省会城市没有太大的区别。我也在街上看到正在行驶的上世纪六七十年代的老式奔驰（Mercedes-Benz）和最新款的宾利（Bentley）。于是我又联想到中国，前一段时间也有同样的情况，北京与上海、广州相比，文化实力远远超出而经济活力稍显不足。

胡志明市，原名为西贡（Saigon），法国人入侵越南南部后逐步发展起来的城市，曾是法国殖民时期南圻总督所在地，越南共和国（南越）的首都，是越南最大的城市。到达该市后的第二天，恰是星期天，我们所住的宾馆临近边城市场，据说是胡志明市最热闹的区域。早餐结束，天气良好，温度从原在河内的摄氏十五度一下子升到当日的最高三十四度，换上轻便的衣服，我们一行步行去参观统一宫，即原来的越南共和国（南越）的独立宫，也是他们当时的总统府。

在闹市区被抢劫

从统一宫出来，沿着大街，看见许多青年人在树下小聚。有些人手持吉他，打着用音箱做的"鼓"，唱着歌，自娱自乐；有些人骑着小轮自行车，表演车技；更多的是朋友之间的小型"野餐"。我也拿出照相机拍了许多照片。没走多久，到了圣母大教堂（红教堂），据说是远东最著名的教堂之一。从外形来看，与巴黎圣母院很相似，只是不用石头而用红砖建成。虽是星期天，教堂却不开门，于是我从教堂前的小广场，试图穿过马路，去对面的中央邮局——那是法国人在 1897 年开始建造的老建筑，也是一个著名的景点。

就在过马路的瞬间，事件发生了。

越南是一个摩托车成灾的国家，在河内时就感到过马路很难，许多地方没有红绿灯，须得穿针插缝式地过马路。我从教堂过往邮局，走在马路中间时看见一辆摩托车正向我驶来，我本能地躲了一下，他经过我身边，一把抓走了我手中的相机，我的手指甲也因此爆裂。此时的我，完全是麻木的，马路对面邮局前一群白人血统的"老外"们目睹这一场景，群起大声惊叫起来。我看到他们的眼神，才明白我被抢劫了！（我事后感到，他们能快速意识到发生抢劫，很可能已得到相应的警告）我连忙看了一下，抢匪是一个三十多岁的男子，他还回头看了我一眼。

这绝对是越南全国最为热闹、旅游者最多的地区。星期天，中午十一点，阳光明媚，抢匪的身边有无数的摩托车，路边也有停着的汽车和坐着的司机。所有的人都亲眼目睹光天化日的恶行，但周围的一切依然冷漠，没有人在行动。他们或许司空见惯、习以为常？

按照原定的计划，我们一行应在顺化坐火车到胡志明市，以能体会一下法属时期建成的"米轨"小火车，沿着南方的海岸线欣赏沿途的风景。尽管这一段铁路不长，需时却长达二十二小时，但可避免飞来飞去、从机场至宾馆、毫无特色的习惯性旅行。为此，我专门准备了单反相机、配了一个变焦镜头，以便能在火车上或车站抓拍。哪知是春节期间，买不到火车票，最后还是坐了飞机，而这个极为沉重的相机一路上给我和随行的学生增加了不少的劳累。我用它拍摄了几百张照片，留下了在越南的全部美好瞬间。我也曾想过，早知如此，就应带轻便点的微单相机。而这个很贵也很重的相机，包含已拍的几百张照片，在瞬间被抢走了！

也就在这个地区，有两位穿着绿色制服、戴着有棱布帽的人。他们可能是越南的"保安"。他们眼见了一切，也了解全过程。通过他们的对讲机系统，又来了一位"保安"。我们的两位学生用越南语跟他们交涉了很久，要求他们报案，呼唤一下附近的警察。他们先是回答已经报告，警察很快来，后来让我们自己去警察署，并称这样的案件，即使报案也只是简单登记一下，照相机是追不回来的，没有什么用处。我们因此准备自己报案，让人吃惊的是，他们竟然宣称不知道报案的电话！通过河内的熟人，总算知道越南的报警电话是113。电话打了过去，说了半天，还是让我们去警察署。于是，整整拖了近一个小时，叫了一辆出租车，根据"保安"提供的地址，我们去了附近的警察署。

在越南八天多一点的访问中，给我留下最深印象的，就是在管理胡志明市最为热闹区域的警察署度过的半个多小时。我们得到了绝对称不上"礼遇"的接待，拖拉、敷衍和漫不经心，看不到他们的责任心。其中一位警员（警号280-4××）抽着烟（室内有禁烟的标志），大声指责报案单的写法。他的那种态度似乎我们不是受害者而是罪犯。舍彼有罪，若此无罪。我很温和地问他："我们是受害者，相机被抢了，你作为警察有什么责任？"他看了我半天，不解其意，最后说："我的责任就是让你们填写报案材料。"由此，换了一位警员（警号281-7××，一开始也是由他接待的），态度好了一些。我们看到房间里贴着胡志明市各区值班报案电话表，想用手机拍下来，他用温和的态度制止说，"这里不许拍照"。我问这一重要的闹市是否经常出现抢劫？他称：

"也有一些外国人因为不警惕而出现了被抢劫的事件，但你是今年的第一起。"

到了这个时候，我对越南的观光意义上的访问自我中止了。我不知道越南的治安情况，但这个上午是我们未有当地人陪同、自己出游的第三次（第一次是个下午，去了河内的文庙等处；第二次是一晚上，去了巴亭广场）。由于报案需要填写护照号码及签证时限，我们只能先回宾馆。当天下午，我不再外出，待在宾馆里，心想明天还有两个学术访问（胡志明国家大学历史系和胡志明市师范大学历史系），结束后明晚便可以打道回家。当晚，崔丕教授对我说，下午到警察署送报案材料时，看到一对白人夫妇由宾馆服务员陪同也在报案，妻子被抢了，是一部三星相机，人被整个拖了出去，腿上有伤痕，在警察署里哭泣……第二天早上，在宾馆用早餐，听到三位人士讲中文，我便问其来自台湾地区还是大陆，并善意提醒我被抢了。得到的是滔滔不绝的回复，让我吃惊：他们来自台湾，多次到胡志明市，"在这里一定要注意换钱和被抢……开始我们不能在银行换钱，在金店换钱，会调包，手法很快，根本看不出来……平时的包一定要斜背，单肩背包容易被抢……不要走在路边，离机车（摩托车）远一点……如果要在马路边拍照，旁边站上一个人进行掩护，拍完后立即离开……被抢后千万不要追，后面可能还有一个骑机车的帮匪，给你一击……"

行笔至此，在越南所有的美好画面随着几百张照片被抢匪夺去而逝，留在眼前的，是这张报案单，留在脑中的，是警号 280-4×× 警员不那么美好的容貌。这可真是不太好……

2014 年 2 月 26 日于上海东川路，刊于《南方周末》2014 年 4 月 11 日

知识的差距

——从马戛尔尼使华到刘学询、庆宽使日说起

我很高兴能出席今天的会议，很愿意为这个特殊的群体做一点事情。当会议组织者请我作一个主题演讲时，我毫不犹豫地答应了。然而我最近的二十年，关注的是戊戌变法史，外交史已经很陌生了。于是，我便根据最近读书与教书的体会，想到这么一个演讲题目，说点不太成熟的想法。

需要说明的是，我的演讲题目为"知识的差距"，这里的"知识"，主要是指外部知识，有着许多特定内容，也是在我下面的演讲中要具体说明的。我用的是简称。

马戛尔尼使华和他的中国知识

1793 年（乾隆五十八年）9 月，英国派出的特使马戛尔尼到达热河（承德）行宫，拜见了乾隆皇帝。马戛尔尼此行的表面目的是祝贺乾隆皇帝八十大寿，真实目的是要求与清朝扩大通商并获得割让小岛等权利。马戛尔尼使华的主要

马戛尔尼（1737—1806）

目的失败了，当时在清朝并没有引起太多的反响。后来的历史却说明，这是中国历史上头一等的大事。

马戛尔尼使华前，英国政府进行了充分的准备，其中包括关于航行和中国的"知识"准备。1792 年 9 月，马戛尔尼使团从英国出发，沿着大西洋一路南下，经过马德拉岛（Madeira，葡萄牙）、特内里费岛（Tenerife，西班牙）、佛得角群岛（Cabo Verde，葡萄牙）、里约热内卢（Rio de Janeiro，葡萄牙），到达大西洋南部的特里斯坦—达库尼亚岛（Tristan da Cunha，后归英国）；随后顺着洋流横向往东，越过非洲的南端，一直航行到印度洋南部的阿姆斯特丹岛，再顺着季风和洋流，到达爪哇岛的巴达维亚（今雅加达）；由此经昆仑岛、土伦港（今岘港），于 1793 年 6 月到达中国广东海面。从马戛尔尼使团的航行来看，他们对大西洋、印度洋以及东南亚各海域的气候、风向、洋流，已经有了比较好的把握。这是海洋与航海知识的运用与加强。

马戛尔尼使团对于沿途各地有着详细的记录，到了中国之后，更是做了各种各样的记录。这可见之于使团的官方文献，还可以见之于使团的许多私人记录（其中一部分也译成了中文 [1]），英国由此可以获得许多表面的和内部的情报。

1　比较方便使用的有两种：叶笃义译，斯当东著：《英使谒见乾隆纪实》，上海：上海书店出版社，1997 年；斯当东是使团的副使。何高济、何毓宁译：《马戛尔尼使团使华观感》，北京：商务印书馆，（转下页）

　　　　　　　　　历史的叙述方式

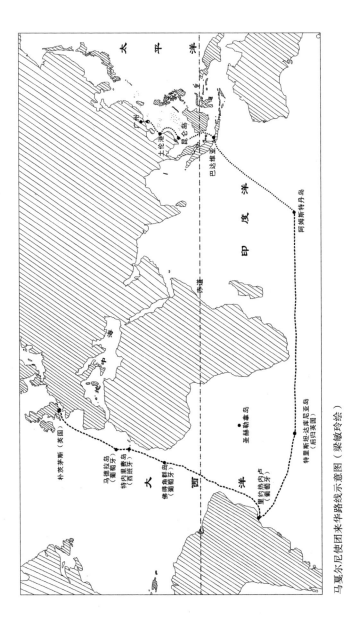

马戛尔尼使团来华路线示意图（梁敏玲绘）

由于展示区域过大，无法采用球型图而用经线平展图。地球是椭圆的，南北距离是准确的，东西距离以赤道为最近处，其余则据其南、北纬度之高下而相应缩小

这使得英国对于沿途和中国的知识有了很大的增加——可以说，这也是使团的目的之一。最近，何高济教授翻译了《马戛尔尼勋爵私人日志》，让我看到了马戛尔尼的中国印象，或者说是他的中国知识。

《马戛尔尼勋爵私人日志》篇幅不大，分成"风俗与品性""宗教""政府""司法""财产""人口""赋税""文武官员的等级和制度""商业和贸易""技艺和科学""水利""航行""中国语言"和"结论"等章节。作为两百多年前的"老外"，第一次来到中国，不懂中文，但对中国的观察和了解却相当深入。这是他们的知识需求所致。我在这里引用马戛尔尼的几段话，测一下他关于中国知识的水准。

关于"宗教"，马戛尔尼称：

> 现在我来谈谈中国流行的宗教。就我所见，其中没有一个对信徒的行为产生多大的影响。教义可以不同，伦理几乎一样，都要支持和履行同样的社会义务。但人的品德并不总是以他们的宗教观而定，所以我相信，某一教派的犯罪分子很难比另一教派少。

> 中国没有正式的国教，没有拥有垄断特权的教派，

（接上页）2013 年；该书由马戛尔尼（George Macartney, *An Embassy to China*）和巴罗（John Barrow, *Travels in China*）两本记录合成。巴罗是使团的医生。

也不排斥某教派的信徒担任官职。国家的工作对所有人
都是开放的，不管他们是在庙里还是在浮屠里作祈祷。
皇帝派来护送我们的使团中，鞑靼使节（徵瑞）信喇嘛
教，王（文雄）是佛教信徒，乔（人杰）是孔教，他们
三人做的是同样的工作。[1]

在当时的西方，宗教具有极其重要的地位，有时具有超政
治、超经济的强势地位。马戛尔尼也同样关注于中国的宗教
生活及其政治地位。徵瑞长期任职于内务府，曾任杭州、苏
州、江宁织造，也曾任两淮盐政，他的宗教信仰很可能是仿
效乾隆帝。王文雄是武夫出身，自称是佛教徒，很可能只是
一般意义上的烧香拜佛。乔人杰是举人出身，自称其信奉孔
夫子是很自然的事。马戛尔尼对此不能详加区别，甚至将儒
学也比作宗教，即孔教。他可能不知道，徵瑞、王文雄也会
同样地信服孔夫子的学说。然而，他对中国没有国教、宗教
不占政治生活主导地位的判断是正确的。

1　《马戛尔尼使团使华观感》，第 18 页。又，徵瑞（1734—1815），满洲正
　　白旗人，富察氏，时任长芦盐政，后官至总管内务府大臣、工部侍郎；
　　王文雄（1749—1800），贵州玉屏人，时任通州协副将，曾从征缅甸、
　　金川，后官至固原提督，镇压白莲教死难，封三等子爵；乔人杰（1740—
　　1804），山西徐沟（今清徐）人，举人出身，时任天津道员，后官至湖
　　北按察使。这三位派来陪同马戛尔尼一行赴北京、热河的官员，都是乾
　　隆皇帝比较信任者。

关于"财产"，马戛尔尼写道：

在中国，皇帝的利益始终是头等重要的事，违反他的旨令，任何人的财产都是不安全的。例如犯罪，财产必定被没收。

没有长子继承权，一个人可以按照他自己的意愿，处理他个人实际的财产……

一个留下遗嘱的人往往将他的财产传给他的妻子，特别在子女还幼小的时候。但如果他死时未留遗嘱，他的土地和财产就在他的儿子中均分，保留一份给寡妇作抚恤金……女儿得不到什么，但由她的兄弟供养直到出嫁……

合法的利息是12%，但一般增加到18%，有时甚至到36%。法律惩治高利贷，但和别的大多数国家一样，很少处罚。[1]

这一段描写表明，当时在英国极其重视财产关系，马戛尔尼在中国也有相应的观察：私人财产在政治罪名下得不到保护，遗产的平均分配，女儿不分遗产和高利贷的普遍性。他的观察大体是准确的。

---

1 《马戛尔尼使团使华观感》，第31—32页。

关于"政府"，马戛尔尼写道：

> ……以学识和德行闻名的中国教师被派去教导年轻的鞑靼王子，从中将产生未来的君主。汉语被保留为国语，古代的制度和法律极受尊重，原有的职官和庞大的官僚机构保留下来，被征服者的风俗习惯为征服者采用。这些措施最初施用于百姓，让他们很多人适应新政府。由此产生一个普遍错误的看法：鞑靼人不加区别地和认真地采用中国原有的一切风俗习惯，这两个民族现在完全融合为一。就服装和头饰而言，他们的穿着肯定是相同的，但不是鞑靼人习惯穿中国人的服装，而是中国人不得不模仿鞑靼人。各自的特点和性格仍无改变，任何伪装都不能掩盖他们不同的处境和心情。一方作为征服者而振奋，另一方则感受到压抑。我们的许多书籍把他们混为一谈，把他们说成好像仅仅是一个总名叫做中国的民族；但不管从外表得出怎么样的结论，帝王从未忘记其间真正的差别，他貌似十分公正，内心却仍然保持民族习性，一刻也不忘记他权力的源泉。

这一段描写说明马戛尔尼的观察十分深入。儒学是清代皇子们的主要教材，朝廷有着大量的汉官，以儒学为核心的制度与文化保留下来了，并有所发扬，但满汉之间的关系并不是相合的、融洽的。他指出，汉官穿的是满服，在满服之下跳动着压抑的心。最为精彩的是对乾隆皇帝内心世界的描写，即貌似公正，内心中却努力要让满族官员和士兵保持"国语""骑射"的传统精神。由此，马戛尔尼又写道：

> ……中国人现正从他们遭受的沉重打击下恢复，正从遭受鞑靼政治蒙蔽下觉醒，开始意识到要重振他们的民族精神。微小的摩擦可以诱发火花，将造反的火焰燃遍全中国。事实上帝国已发展到不堪重负，失去平衡，不管它多么强大有力，单靠一只手已不易掌控局势。[1]

此时正值清朝的全盛期，马戛尔尼却看出了"不堪重负"的内相。他所预料的全国性反叛，虽然没有立即发生（一直到五十多年后，才发生"太平天国"叛乱），但清朝政治局势有着很大的不安全性，却是真实存在的。乾隆皇帝对此一直有着内心的警惕。

关于"风俗与品性"，马戛尔尼写道：

> ……根据中国人的观念，一户家庭只有一致的利益，其他的想法都是非自然的和不道德的。不孝之子是中国不生产的怪物；儿子即使在婚后仍大多继续住在父亲家；家庭的劳动都是在父亲的安排下共同进行，父亲死后长

---

1 《马戛尔尼使团使华观感》，第24、27页。

子往往保持同样的权威，继续与他的年幼兄弟维系同样的关系。

......

即使上层的百姓，尽管喜欢衣着，一天总要换上几件，但他们的身子和习惯仍邋遢肮脏。他们外面的新袍用不同色彩的丝美饰（最高层的衣袍绣有金色的龙），而普通的衣服则用素丝，或者细黑呢；但他们的汗裤和内衣（根据季节他们一般穿几种）并不时时更换。他们不穿纺织的袜子，而用粗棉布裹足，经常穿上一双没有后跟的黑缎子靴，但靴底将近一英寸厚。在夏季，人人一把扇子在手，不停挥扇。

他们很少穿亚麻或白布衣，他们穿的极其粗糙，洗得不干净，从不用肥皂。他们难得使用手帕，而是任意在室内吐痰，用手指擤鼻涕，拿衣袖或任何身边的东西擦手。这种习惯是普遍的，尤其恶心的是，有天我看见一个鞑靼显贵叫他的仆人在他脖子上捉骚扰他的虱子。[1]

对于此类"风俗与品性"的观察，每个人都有可能得出相同、不同甚至相反的结论来。此中最为重要的是，马戛尔尼将此作为他观察的重点和起点，是他《私人日志》的开篇。他对此留有大量的记载，有些他认为是好的，有些他认为是不好的。

---

1 《马戛尔尼使团使华观感》，第8—9页。

马戛尔尼使华是一次重大的事件，对此的研究仍未到达"止于至善"的地步。牛津大学的沈艾娣（Henrietta Harrison）教授正在重新研究这段历史，也发表了最初的论文。她去年（2017年）秋天到华东师范大学访问，我们有愉快的交谈。她向我提出一个问题，关于马戛尔尼使华，清朝的官员是否留下了私人的记载？我一下子被问住了。脑中快速搜索一下，感觉是没有。于是我开玩笑说，当时的官员，喜欢写诗，大约都会出版他们的诗集，而不太会出版或保存他们的书信和日记之类的私人文件。

关于马戛尔尼使华，清朝档案中有非常详细的记录，当时的奏折和上谕是完整的；但负责接待的官员，对此似乎皆无私人的记录。我需要特别提到两位高官：一位是和珅（时任军机大臣、文华殿大学士、领侍卫内大臣），诗写得不错，还真的出版了他的诗集；另一位是松筠（时任军机大臣、户部侍郎），曾任伊犁将军，也有一些西北史地与治理方面的著作，但却没有留下此次接待的记录，尽管他是陪同马戛尔尼从北京一路到杭州的官员。

马戛尔尼到达时，清朝正值"康乾盛世"的顶点，平定了准噶尔，打退了廓尔喀，兵锋直入缅甸。乾隆皇帝有着"十大武功"，疆域扩展至最大。他的怀柔政策也取得了极大的成功，在热河分别为达赖喇嘛和班禅喇嘛修建了普陀宗乘之庙和须弥福寿之庙，并用万两黄金做了金顶，尽管八世达赖喇嘛未到。在此文治武功之下，乾隆皇帝张扬着豪情，显示出壮怀，君臣上下似乎没有将英国放在眼里。关于马戛尔尼使华的中文资料和档案是相当多的，但其中基本上没有关于海洋和英国的知识——清朝人不了解马戛尔尼是怎么来的，也不想了解马戛尔尼所在的国家——他们没有兴趣，而最为关注者，是"下跪"。

谢清高与《海录》

最能代表这一时期中国对于外部世界知识的，当推谢清高的《海录》。这本书的产生就是一个故事。

谢清高（1765—1821），广东嘉应州（今梅州）人，可能识字，也有一定知识。早年随商人到海南岛等处从事贸易，十八岁时遇风覆舟，被外国人救起。于是随外国商船航行于东南亚、南亚以至于欧洲等地。据其自述，十四年之后才回到广东，此后住在澳门，为铺户。但亦有资料说明，他于 1793 年前已双目失明，生计困难。这样的话，他的海上生涯可能不到十四年。1793 年，正是马戛尔尼抵华的那一年。时光又过了二十七年，1820 年（嘉庆二十五年），举人杨炳南到澳门，遇到了这位同乡，将其见闻记录下来。

《海录》大约 19000 字，共记录 93 个国家和地区，涉及亚、非、欧、美、澳五大洲，没有地图。[1]

---

1 《海录》有多个校注本，我使用的是安京校释，谢清高口述，杨炳南笔录：《海录校释》，北京：商务印书馆、中国旅游出版社，2016 年。

我最初读到《海录》时，还是我在做研究生时期，关心的是其中的欧洲和美洲国家，共计 17 个："大西洋国"（葡萄牙）、"大吕宋国"（西班牙）、"佛朗机国"（法国）、"荷兰国"、"伊宣国"（比利时？）、"盈兰尼是国"（瑞士？）、"亚哩披华国"（汉诺威？）、"淫跛辇国"（神圣罗马帝国？）、"役古国"（土耳其）、"单鹰国"（普鲁士？）、"双鹰国"（奥地利）、"埔理写国"（普鲁士？）、"英吉利国"、"绥亦咕国"（瑞典）、"盈黎吗禄咖国"（丹麦）、"咩哩干国"（美国）、"亚咩哩隔国"（巴西？）。许多国家现已无法对应，很可能是葡萄牙语 + 英语 + 粤语 + 客家话，多次转音之后，无法对全。其中描述比较详细的，是两个国家：一个是葡萄牙，另一个是英国。谢清高所上的外国商船，很可能是葡萄牙船，又长期住在澳门，对其熟悉自在情理之中；而对于英国，是其国力与财富给谢清高留下了深刻印象，在《海录》中英国是一个强大的国家。

由此看看马戛尔尼所来的"英吉利国"，《海录》的记载为：

> 英吉利国即红毛番，在佛郎机（法国）西南对海，由散爹哩（Saint Helena 圣赫勒拿岛）向北少西行，经西洋（葡萄牙）、吕宋（西班牙）、佛郎机各境，约二月方到。海中独峙，周围数千里。人民稀少而多豪富，房屋皆重楼叠阁。急功尚利，以海舶商贾为生涯。海中

有利之区，咸欲争之。贸易者遍海内，以明呀喇（孟加拉）、曼哒喇萨（马德拉斯）、孟买为外府。民十五以上则供役于王，六十以上始止。又养外国人以为卒伍，故国虽小，而强兵十余万，海外诸国多惧之。

海口埔头名懒伦，由口入，舟行百余里，地名论伦，国中一大市镇也。楼阁连绵，林森葱郁，居人富庶，匹于国都，有大吏镇之。水极清甘，河有三桥，谓之三花桥。桥各为法轮，激水上行，以大锡管接注通流，藏于街巷道路之旁。人家用水俱无烦挑运，各以小铜管接于道旁锡管，藏于墙间。别用小法轮激之，使注于器。王则计户口而收其水税。三桥分主三方，每日转运一方，令人遍巡其方居民，命各取水。人家则各转其铜管小法轮，水至自注于器，足三日用则塞其管。一方遍则止其轮，水立涸。次日别转一方，三日而遍，周而复始。

其禁令甚严，无敢盗取者，亦海外奇观也。国多娼妓，虽奸生子必长育之，无敢残害。男女俱穿白衣，凶服则用黑，武官俱穿红。女人所穿衣，其长曳地，上窄下宽，腰间以带紧束之，欲其纤也。带头以金为扣，名博咕鲁士。两肩以丝带络成花样，缝于衣上。有吉庆，延客饮燕，则令女人年轻而美丽者盛服跳舞，歌乐以和之，宛转轻捷，谓之跳戏。富贵家女人无不幼而习之，以俗之所喜也。军法亦以五人为伍，伍各有长。二十人则为一队，号令严肃，无敢退缩。然惟以连环枪为主，

《皇清职贡图·英吉利国夷人》（乾隆朝）

原图小字为："英吉利亦荷兰属国，夷人服饰相似，国颇富。男子多著哆啰绒，喜饮酒。妇女未嫁时束腰，欲其纤细，披发垂肩，短衣重裙。出行则加大衣。以金镂合贮鼻烟自随。"该图为清代宫廷画家根据各地官府提供的资料所作，时在马戛尔尼访华前约二十年

无他技能也。其海艘出海贸易，遇覆舟必放三板拯救。得人则供其饮食，资以盘费，俾得各返其国。否则有罚，此其善政也。其余风俗大略与西洋（葡萄牙）同。土产金、银、铜、锡、铅、铁、白铁、藤、哆啰绒、哔叽、羽纱、钟表、玻璃、呀兰米酒，而无虎豹麋（麕）鹿。[1]

1　《海录校释》，第258—259页。

虽说《海录》对于英国的记载已是最为详细者，但总字数不足八百，故全录之。段落是我分的。第一段讲地理位置与国家特点，第二段讲伦敦，第三段讲习俗、军队与出产等项。以我们今天的英国知识，可以对证出许多内容，甚至可以查明"三花桥"的桥名。看到英国"急功尚利"品性、富家女子幼年习舞的风俗，自可会心一笑。但对十五至六十岁人民"供役"制度、伦敦三天一循环的"取水"规定，无法准确了解。而英国司法制度致使"无敢盗取者"，军队"以连环枪为主，无他技能"，应属错误知识。所言英国"土产"，只是说明了英国可以提供的商品，许多种类并不产于英国。至于那条"由散爹哩（Saint Helena 圣赫勒拿岛）向北少西行，经西洋（葡萄牙）、吕宋（西班牙）、佛郎机各境，约二月方到"的航线，对照马戛尔尼使团的回程，从圣赫勒拿岛到朴次茅斯，确实是要两个月（1894 年 7 月 1 日至 9 月 6 日）；所称"西洋"（葡萄牙）和"吕宋"（西班牙）很可能指他们的殖民地。对于当时的中国人来说，仅凭这二十余字，是无法将船开到英国的。同样，对于当时一个完全没有外部知识的中国人来说，以此不足八百字的短文，还是无法了解英国的。

至于其他国家，《海录》的介绍就更短了。如"埔鲁写国"，其文为：

埔鲁写国又名吗西噶比，在单鹰之北。疆域稍大，风俗与回回同。自亚哩披华（汉诺威？）至此，天气益寒，男女俱穿皮服，仿佛与中国所披雪衣，夜则以当被。自此以北，则不知其所极矣。[1]

"埔鲁写"从读音来看，指普鲁士，《海录》中的"单鹰国"，亦指普鲁士，此处似指普鲁士的北部地区或东普鲁士。这位广东人对该国的唯一一感受就是冷。至于"风俗与回回同"一句，也是让人很难理解的。

这几年，我比较注意《海录》中关于东南亚国家的记录，比如今天的马来西亚，《海录》中记录了8个国家和地区：吉兰丹国（吉兰丹）、丁咖啰国（登嘉楼）、邦项（彭亨）、旧柔佛（新山）、麻六呷（马六甲）、沙喇我国（雪兰莪）、新埠（槟榔屿）、吉德国（吉打）。关于"新埠"（槟榔屿），其文曰：

新埠，海中岛屿也。一名布路槟榔，又名槟榔士，英吉利于乾隆年间开辟者。在沙喇我（雪兰莪）西北大海中，一山独峙，周围约百余里。由红毛浅顺东南风约三日可到，西南风亦可行。土番甚稀，本无来由（马来）种类。英吉利召集商贾，遂渐富庶。衣服、饮食、房屋俱极华丽，出入悉用马车。有英吉利驻防番二三百，又有叙跛兵千余。闽、粤到此种胡椒者万余人。每岁酿酒、

---

1 《海录校释》，第252页。

贩鸦片及开赌场者，榷税银十余万两。然地无别产，恐难持久也。凡无来由所居地有果二种：一名流连子，形似波罗密而多刺，肉极香酣；一名茫姑生，又名茫栗，形如柿而有壳，味亦清酣。[1]

槟榔屿是当时英国在远东最重要的殖民地，随着远东航线的扩展，这个港口城市以惊人的速度发展起来。在英国人到达之前，华人先已到达，英国人大量招引华人以发展经济。大约在谢清高到达时，当地的华人数量很可能达到"万余人"，但主要不是种胡椒，很可能从事以胡椒为主的香料贸易行业。谢清高称其"地无别产"，属实，但判断"恐难持久"，则是完全相反，他完全不了解处于国际航线上港口城市的特殊性。槟榔屿在整个19世纪一直有着非常强劲的经济增长，直到后来为新加坡所取代。不久前，我曾到访该地，仍能感受到历史脉搏之跳动。而该地给谢清高留下深刻印象的，又是两种水果，榴莲与山竹，分别称其"香酣"与"清酣"。[2]

如果以谢清高的《海录》与当时英国对于远东的知识

---

1 《海录校释》，第81页。

2 本文前两部分最初在《南方周末》发表时，"茫姑生"误读为"芒果"。读者王畯先生来信告知："讲到'一名茫姑生，又名茫栗，形如柿而有壳，味亦清酣'，此中'茫姑生'茅先生认为是芒果，实际应为山竹，莽吉柿（Garcinia mangostana），从读音、外形、味道上可识别。"由此而改正。

相比，可以看到非常明显的差距。问题又出在什么地方？

当时的中国并不是不能获得外部知识。传教士的东来，曾将大量的地理学知识传入，最为著名的是明末的《坤舆万国全图》（1602年，明万历三十年）和《职方外纪》（1623年，明天启三年），清初亦有南怀仁的《坤舆全图》（1674年，清康熙十三年）。清朝雍正年间禁教之后，北京还留有着一个俄国东正教教士团，清朝若想通过这一渠道了解外部知识，也还是可以的。

至于民间的知识，今天更是难以想象其巨量。从明代开始，福建人大量下南洋，遍于各地的妈祖庙，说明了他们的行踪。到了清代，在东南亚的许多地方，华人建立起贸易的网络，从事农业、商业、服务业等行业。马戛尔尼使华时，在巴达维亚（雅加达）、马尼拉都看到了华人，大量的中国商船航行于马尼拉、邦加（Bangka）和巴达维亚等众多港口之间。然而，这些牵涉到数十万、数百万人生计的"本事"，并没有上升到国家的"知识"体系之中。也就是说，当时的中国有着许许多多个"谢清高"，他们的头脑中有着许多外部知识，但官家与学人没有（或很少）去了解或想去了解。当谢清高向杨炳南讲完他的故事，第二年便死去了。

在世界全球化过程中最为重要的外部知识——当时英国等国最为看重的知识——在中国却不为朝廷所重，也不为当时读书人所重。在当时甚至此后的中国最重要的知识机构（官方的、半官方的或民间的）——如北京的翰林院、天津的问津书院、广州的学海堂等——看不到"夷人夷事"的学习与研究，也不闻马戛尔尼之使命。在"格物、致知、修身、齐家、治国、平天下"这么一个庞大的建构之中，竟然找不到这类知识可以搁置的位置。《海录》所能提供的外部知识虽然是有限的、不准确的，却是这个国家所需要的。它的出版也没有引起很大的关注，很可能只是士人们茶余饭后的谈资。到了鸦片战争时期，钦差大臣林则徐在广东发现了这本书，并向道光皇帝报告道：

> 当查《海录》一书，系嘉庆二十五年（1820）在粤刊刻，所载外国事颇为精审，其英吉利条下云："周围数千里，人民稀少，虽娼妓奸生子，必长育之，无敢残害"等语……[1]

对于这本如此简要的著作，做出"颇为精审"的评价，可见林则徐的无奈——找不到更好的记录。此后，魏源编著《海国图志》，依然需要参考《海录》的记载。在这样的知识基础上，在马戛尔尼使华四十七年之后，1840年（道光二十

---

1 中山大学历史系中国近代史教研室编：《林则徐集·奏稿》，北京：中华书局，1965年，中册，第680页。林则徐的目的是向道光皇帝报告是否有"夷人"在广东、福建收买"内地年未及岁之幼孩"，林对此报告称"访查实无此事"。

年），清朝因鸦片的非法输入而与英国展开的外交和兵战，只能是失败。

历史向下走了过去，清朝的出使大臣（公使）也到达英国，先后有郭嵩焘（1875—1879 在任）、曾纪泽（1879—1886 在任）、刘瑞芬（1886—1890 在任）、薛福成（1890—1894 在任）等人。根据总理衙门的要求，他们都有着相应的关于航海和英国等国政情的记录。[1] 这些记录，尤其是最初的郭嵩焘的记录，引起了国人的愤怒、惊异、暗羡，由此而求知，开始了国人"走向世界"的历程。然而，这些记录与马戛尔尼的《私人日志》相比，在知识的水准上又是如何？——尤其是薛福成的记录，任期恰与马戛尔尼相差一百年——两相交错阅读，不由感慨良多。

刘学询、庆宽使日与山县有朋意见书

年历急速地翻下去，再翻下去，1899 年（光绪二十五年），清朝派刘学询、庆宽为特使出使日本。

刘学询（1855—1935），广东香山人，1886（光绪十二年）中进士，没有按照惯常到北京去做官，而是回到广州承办"闱姓"等赌业，成了广东最大的赌商，也是当时广东最富有的人。发财之后，通过捐赈等手段，刘获得了二品

---

1 可参见郭嵩焘《使西纪程》、曾纪泽《出使英法俄国日记》、刘瑞芬《西韬纪略》、薛福成《出使英法义比四国日记》。

顶戴、候选道员（正四品）。1895年起，刘遭到御史弹劾，先后经两广总督、广东巡抚查办，被革职。庆宽（1848—1927），本姓赵，少年学画，后为醇亲王奕譞（光绪皇帝本生父）的家仆，不清不白地成了正黄旗汉军人，当上了内务府银库的管库官员（肥缺），兼任"宫廷画师"，家产极富，其头衔是花翎二品顶戴、三院卿遇缺题奏、内务府广储司员外郎。1894年，遭御史弹劾，被革职并抄家。刘、庆两人都是当时名人。他们跌宕起伏的人生经历，极富传奇性。

戊戌政变后，慈禧太后再次走向前台，刘学询、庆宽亦想借此翻身。他们知道慈禧太后最痛恨的是康有为、梁启超，便准备到日本刺杀或捕捉康、梁，立不世之功，获格外之赏。他们找到慈禧太后身边的宠臣、总理衙门首席大臣庆亲王奕劻和在政变中起到重大作用的御史杨崇伊，相商谋划。1898年11月16日（光绪二十四年十月初三日），奕劻代奏了刘学询、庆宽的呈文"自备斧资赴外洋考察商务"，慈禧太后当日批下："已革候选道刘学询着赏给知府衔，已革内务府员外郎庆宽着赏给员外郎衔，庆宽并准其入内务府汉军旗籍"，至于"考察商务"，慈禧太后命由总理衙门"察核办理"。[1]此时距戊戌政变（9月21日）不到两个月，距康

1　慈禧太后的谕旨见中国第一历史档案馆编：《光绪朝上谕档》，桂林：广西师范大学出版社，1996年，第24册，第519页。奕劻等人的奏折，见军机处录副，3/108/5623/16；刘学询、庆宽的呈文，见军机处录副，3/7133/28。

有为到达东京（10月25日）仅二十天。刘学询、庆宽虽开复原官衔，但还是以私人身份出行，尽管其使命看起来有如荒诞戏。

清朝政府派员赴日本刺杀或捕捉康有为、梁启超，毕竟是一件骇人听闻的事情。日本驻清朝公使矢野文雄、驻上海代理总领事小田切万寿之助得到消息后，分别向日本政府报告，矢野文雄还奉命与总理衙门交涉。至此，刘学询、庆宽原来的使命已不可行。然而经过刘、庆、奕劻和小田切万寿之助在北京一番商量后，刘、庆的使命改变为到日本去递交密电本，建立起一条不经过清朝总理衙门和日本外务省正常外交途径的顶层热线，即慈禧太后 ⇄ 奕劻 ⇄ 日本宫内大臣 ⇄ 明治天皇之间的电报联系，并谋求与日本建立更为紧密的关系。也就是说，刘学询、庆宽成了清朝在马关缔约之后首次派出的特使。

清朝当时是结盟国家，与俄国签订了针对日本包含军事条款的密约。日本当时是内阁制的国家，天皇不直接面对外国。刘学询、庆宽的这一使命是完全不合适的。我不知道这么荒谬的计谋是谁提出来的，但可以肯定的是，经过了慈禧太后的同意。一旦她放了话，清朝的上下，谁也不敢去反对。这两位曾任赌商和"宫廷画师"、没有任何外交经验、未在清政府担任过重要职位的奇异人士，身份一下子大变，奉有国书，携有国礼，到日本去觐见天皇，以建立清朝与日本的特殊、紧密关系。他们将上演使命重大的正剧！

清朝派出刘学询、庆宽使日的消息，由驻华公使矢野文雄、驻上海代理总领事小田切万寿之助向日本外相青木周藏报告。兹事体大。青木外相派秘书到京都，向正在休假的山县有朋首相报告。山县经过认真思考后，于1899年5月27日写下《意见书》，发给大藏相松方正义和外相青木周藏：清朝要求派特使增加两国亲密关系，自当接待；清朝想依靠日本来防止列强的蚕食，欲与日本结盟，日本应当考虑欧洲、清朝、日本三方的因素，以能制定"无遗算"的政策。对此，山县分析道：

第一，欧洲列强中与清国最有利害关系者，乃英、俄两国。俄国虽变其外交政略，取集主力于东洋，置欧洲于第二位之政策，然昨年俄国突然发表和平会议主义，目下正在荷兰开会。盖俄国之意，不外乎欲谋欧洲强国间之无事，而得以尽全力于东洋，扩充其利益线于炮台、铁路、矿山，以固他日之地步。

第二，观清国之情势，欧洲列强于清国版图内到处扩张其利益线，终将改变清国地图，分为红黄蓝色（三原色，似泛指列强势力），此乃显而易见之事。不得不断定清国将如彼之犹太人种，国灭而种存。我国亦当预料未来情势，以作尽量扩充利益线之措置。

第三，目下我国之国情，正在整理财政、扩张军备之时期，故我外交政策不可不取最圆满之方针，数年间惟汲汲整理财产［政］、扩充军备是务，避免与外国开衅。

山县有朋的第一条分析称，俄国将利用海牙和平会议，采取西守东攻的战略，"尽全力于东洋"；第二条分析称，清朝很可能被瓜分，日本要乘机"尽量扩充利益线"；第三条分析称，日本目前军备与财政皆不足，应"避免与外国开衅"，这显然是吸取了"三国干涉还辽"的教训。根据以上分析，山县继续提出：

> 以如右之观察，对此次清国特使，当努力不妨害其感情，以保与清国之亲密交际。对于清国，若有扩充我利益线之机会，当注意不可使其逸之。然清国与我国交际亲密逾恒，故欧洲列强常抱有日清会盟以当欧洲之疑。如此非但导致人种之争，亦难保不在目下于海牙府开设之和平会议上产生不利我国之结果。且假令为我国财政兵力之三点所许，亦信提携清国以图东洋之独立最为拙策。何故？清国如前所述，如犹太人种，人种虽能永存，而不能维持一国，此在识者之间早成定论。假令得以维持，亦不能持续现在之版图，仅可保其一部，其余则为列强所蚕食。于东洋真能保其独立者，惟我帝国而已。我对欧洲及清国之外交政策，不可不慎之又慎，以期免于国步之蹉跌。

山县有朋认为：清朝将"不能维持一国"，若能维持"也仅可保其一部"，由此，日本即便军力、财力充足，也不要"提携"清朝，建立"会盟"之类的紧密关系，避免引起欧洲列强疑虑。日本应当采用的态度是"保与清国之亲密交际"（可离间清朝与俄国的同盟关系），若有"扩充利益线"的机会，决不可"逸去"（错过）。山县由此提出：

> 依如上所述之理由，我国对清国特使之政策望请决定如左：
>
> 第一，接受清国皇帝之特使。
>
> 第二，避免一切诸如缔结日清会盟之事。致令欧洲列强抱有如此嫌疑之事，亦当充分注意。
>
> 第三，充分注意勿害清国之感情。若有扩充我国利益线之机会，不应逸之，以预固他日之地步。[1]

此后，山县有朋还将其《意见书》放到内阁会议上讨论，成为接待刘学询、庆宽的基本方针。实际上，山县有朋意见书体现出来的思想——一面向中国示好，以离间中国与俄国（或他国）的同盟（或紧密）关系；一面扩充其在华利益，

---

1 大山梓编：《山県有朋意見書》，"明治百年史叢書"，原書房，1966年，第251—253页。吉辰译。"如右""如左"，竖写文体用词，即横写文体中"如上""如下"之意。

并避免与欧洲列强开战——是日本长期的对华战略，一直延伸到 1937 年。清朝的一项荒谬决策，给了日本一个可以施展身手的机会。

得到日本政府许可后，刘学询、庆宽一行于 1899 年 7 月 8 日（光绪二十五年六月初一日）从上海出发赴日本，由此到 9 月 6 日（八月初二日）回到上海，总时间为两个月。

刘学询、庆宽一行作为派到日本奉有国书的清朝特使，受到了最高等级的接待：日本明治天皇接见；总理大臣山县有朋、外务大臣青木周藏、外务次官高平小五郎接见。此外，宫内大臣田中光显、司法大臣清浦奎吾、农商大臣曾祢荒助、陆军大臣桂太郎、参谋次长大迫尚敏、内务大臣西乡从道等人予以接见；日本前首相伊藤博文，子爵长冈护美、枢密院顾问官子爵榎本武扬、宫中顾问官陆军少将佐藤政、贵族院议员岸田吟香等重要政治家或名流也分别会见。山县有朋首相还在东京目白的私邸设午宴招待，青木外相亦设晚宴招待。驻上海代理总领事小田切万寿之助为此专门回到日本，周密安排一切。然而，就刘学询、庆宽的使命而言：建立最高一级的电报热线，被日本政府拒绝（后将详述）；建立中日更加紧密的关系，日本政府没有给予明确的回音。

刘学询、庆宽最初的使命是在"考察商务"的名义下，捉拿或刺杀康有为、梁启超。当刘、庆到达日本时，康有为已由日本政府礼送出境，在日本还有梁启超、王照等人。现有的资料可以证明，刘学询在东京时与其香山同乡孙中山有过三次见面。三次会面的内容，两人事后都没有说。也有人猜测很可能与捉拿或刺杀梁、王有关，否则不会有后来康、梁一派欲刺杀刘学询之情事。然而，不管真相如何，刘学询作为清朝的特使，与清朝最大的敌人孙中山秘密会面，肯定有着特殊目的。

刘学询、庆宽"考察商务"的名义，也使他们受到了日本商界的热烈欢迎。从他们的行程来看，是由三井物产负责全程接待的，社长益田孝亲自为此作出许多安排。刘、庆会见的工商界人士，为三井物产、三井银行、东洋汽船会社、三菱会社、日本邮船会社、横滨正金银行、台湾银行、日本银行、上海邮船会社等重要企业的顶层或高层管理人员，其中有三井八郎右卫门、岩崎弥之助等人。日本商界重要人物涩泽荣一还专门为刘、庆的来访举行了大型欢迎宴会。

日本政界、商界的欢迎动作，自然是山县有朋设计的"扩充利益线"的表现。就政界而言，甲午战争刚结束四年，清朝割让台湾，巨额赔款已付清，日本需要修复与清朝的敌对关系，离间清朝与俄国的同盟关系，并在政治与外交上引领之。就财界而言，日本工商业与金融业将在战后大举进入中国，他们需要建立起相应的联络方式与人脉关系，制造出热烈的气氛。日本的这些努力，虽然未必通过清朝特使的访问而一举成功，但从此后的延伸线来看，都是没有白费的。他们的目标，后来一一实现。

刘学询、庆宽的访日报告

刘学询、庆宽回到上海后，并没有及时返京复命。直到 9 月 20 日（八月十六日）总理衙门发电催促，他们才于 10 月 9 日回到北京。

1899 年 10 月 11 日，刘学询、庆宽向总理衙门递交了《问答各词》《商务日记》各一件，庆宽还单独递交了《说折》。15 日，总理衙门将之上奏给慈禧太后。这些访日报告连同总理衙门的奏折现都收藏于中国第一历史档案馆。至于他们的《商务日记》，刘学询后来还以个人的名义在上海刊刻了。

刘学询、庆宽递交的这些访日报告，充分反映了他们一行在日本受到的超规格的热情接待，他们由此感受到了日本的亲善与友好，支持与日本进一步发展关系。他们并不知道山县有朋在《意见书》中提出的基本方针，甚至也未觉察。他们看不清日本亲善态度下实施攻击的目标与方向。因为教学的需要，我多次阅读刘、庆的访日报告，那种不安的感受一次次在重复：他们不太像是清朝派往日本的高规格的特使，有点像是山县有朋、伊藤博文、青木周藏派回清朝的鹦鹉学舌般的说客。

以下选录几段刘学询、庆宽的访日报告，看看他们对于日本、近代国际关系甚至中国传统文化诸方面的知识水准。

刘学询、庆宽的《问答各词》，上报了他们与日本天皇、前首相伊藤博文、外相青木周藏、陆相桂太郎、外务次官高平小五郎觐见或会见时的谈话记录。在这些谈话记录中，我以为最为重要的是与伊藤博文谈话的记录，他以在野的身份，意思可以讲得很清楚，且可不担负具体的政府责任。以下引用该记录的前三段，也是伊藤谈话记录中最为重要的内容。

第一段记录言及戊戌变法：

> 伊藤曰：维新殊不易言，敝国未变政之初，我等先游历外洋，逐细考查，取其良法善意，归而互相比较，始议改革旧政。而守旧者未明时局，阻挠尚多，我等随时劝导，告以法久必敝，政贵因时，非改变不能自强，非自强不能保国。若斤斤然徒事成法，置国家安危于不顾，殊非忠臣谋国之道。久之，此理渐明，上下一心，始有今日。闻贵国上年有意维新，而守旧者不愿，确否。

> 答曰：我朝定鼎二百余年，海疆无事，从无敌国外患之虞。道光以还，乃有发、捻之乱，英法之偪，大局遂为一变。同治光绪两朝，天子冲龄，皇太后垂帘听政，削平大难，和辑邦交，海内殷殷望治，实为中兴圣母者。论讲求新法，施诸实政，尚在贵国明治以前。如用戈登，任赫德，设译署，遣使臣，置船政，选学生出洋肄业，开江南军械制造局，立海军，筑船坞，以及商轮、商电、纺纱、绩布、开矿、铁路等事，未尝不取法泰西。无如风气初开，任事者未尽得人，利少弊多，致为人所借口。原其故，多由事前未尽考查，故事后难收实效。非我国

家无心求治，臣工有意阻挠，现在皇太后、皇上蒿目时艰，深维大局，以贵国本有辅车之谊，特遣通聘联好，与寻常遣使不同。此望两国共泯猜嫌，互求裨益，诚亚洲大幸。至上年八月以后日报谣传康、梁两逆系因维新获罪，此皆乱党捏造，欲以掩盖逆迹，攘窃美名，其实朝廷诛殛乱臣，并非仇视新法。贵大臣为当代贤豪，必能察其是非，辨其奸伪。

伊藤的用意是非常清楚的，是劝导变法，但刘学询、庆宽的答词却是让人怀疑的，如此不惜言词地为慈禧太后辩护，大肆评功摆好，似无此必要。从整个《问答各词》来看，是刘、庆最长的一段答词。以我个人读后的感觉，这些话似乎不是向伊藤说的，而是向慈禧太后表白：我们在日本是帮着太后说话的。

接下来的对话是：

伊藤曰：去年在我北京，曾晤康、梁一面，后逃至敝国，我贻书贵国政府，告以限于公法，非故意容留。旋获复书，以康久留，终碍睦谊，我遂设法遣去，今在英京。贵国现在皇太后、皇上既深明联好之道，共筹御侮之方，可为两国臣民欣幸。第中国势处危急，情形与从前不同。欧洲群雄曩因有事于非洲，未遑他顾。近日俄有东下之势，机牙全露，局外寒心。而当局者尚执

而不悟，各国不得不自为计，瓜分之议由此而起。上年
英提督贝斯福之来，本有深意。出北京遍谒疆吏，屡
进忠告，卒无成说。归途东来，就我论贵国事，爱莫能
助，相与咨嗟太息。贝斯福属我寄书英政府，英政府屡
言瓜分中国为非计，尽力助中国自强，庶不失为自主之
国。此则我区区之心。

　　答曰：贵大臣顾全大局，笃念邻封，令人钦佩。不
识力助中国自强，策将奚先。

伊藤接过康、梁的话头，表明了日本政府的立场，随即便攻
击俄国。他即以"瓜分"为由头，离间中俄同盟关系，尽管
日本已经做好了随时参与瓜分的准备。"欧洲群雄曩因有事
于非洲，未遑他顾"一句，说的是 1885—1900 年英国、法
国、葡萄牙、西班牙、德国等国在非洲的扩张，非洲此时
已大体瓜分完毕。英国和日本对华抱有更大的野心，不希
望俄、德、法（尤其是俄）在华获得太多。贝斯福（Lord
Charles Beresford，1846—1919），时为英国海军少将、国
会议员。1898 年，他曾到中国访问三个多月，"考察商务"，
并与清朝中央和地方的高层官员多有交谈；此后他到达日
本，与伊藤博文政界人士也有交谈。[1] 英、日双方对俄国等

1　贝斯福对此次访问，有一份报告书，*The Break-up of China*，1899 年于
　　伦敦等地出版。该书 1902 年由美国传教士林乐知（Yuong John Allen）
　　等人翻译为中文，取名《保华全书》，由上海广学会刊行。

国在华的扩张表示担心。刘、庆没有对此作出反应，而是向伊藤讨教"自强"的方法。

双方的对话继续：

> 伊藤曰：一急治兵。贵国兵额虽多，殊不足恃。其故因于人各一军，军各一法，学制训练新旧参半，而老成宿将泥守陈道，不知改步，只能御内匪，不能敌外人。宜分南北练两大军，而派大臣节制之。京师设武备大学堂，仿我国陆军士官学校章程，教战士官，分等管带，黜陟调遣，权自上操，乃能号令整齐，呼应灵捷，是无外重内轻之患。一急理财。贵国物产富饶，本非贫瘠，版图户口比我国数逾十倍。而户部进款近竟不及我国，大抵官失其信，民恤其私，故不肯输诚以顾国家之急，宜整顿商务，收回人心，照我国设一总银行于京师，经理国中存储，出纳一切财政，俟上下官商联为一气，遇有军务公债、营业公债，可不必借资外人，免授外人以柄。有日本银行办法章程可以查考。惟二者虽有成法，无人则不行，又宜仿我国明治初年任用客卿之例，各置顾问官，相与讲求部置，而大权仍归自主，便无喧宾夺主之嫌。

> 答曰：学询管见亦以练兵宜先筹饷，上年条陈当道，请行保商之政，而推本于立商部、置商官，定商律，使官商共守，庶可以收实效。就我国厘税而论，一转移间

可得巨款，前者李合肥相国议加税，而英以厘金辞。诚使官商一气，裁厘金改为落地捐，归各业各属商会总缴，既杜中饱，又省虚糜，国家岁入必陡增七八千万，改厘捐而加关税，英必无词。照值百抽十之数，又可岁增二千余万，以此筹款，上下交益，决其不难。而我国库储不足之故，一则轻徭薄赋，不忍苛敛民间，二则度支浩繁，而岁入止有此数，三则官商隔绝，每遇公债，不得不称贷外人，而利权因之坐失。如贵大臣言，当照条陈以备政府采择。[1]

伊藤直接说出了日本的要求：一是整顿陆军，仿照日本陆军士官学校建立军校；二是整顿财政，按照日本银行的章程设立清朝的国家银行。最关键的是，这两项改革应在日本的指导下进行，即"各置顾问官"。除山县有朋的《意见书》之外，我还看不到日本政府对于此次访问的内部预案；但我似乎感觉到，伊藤的这两项要求很可能是日方内部商定的"扩充利益线"的具体内容。在刘学询、庆宽访日之前，即1898年，日本已在谋求"日清提携"下的清朝陆军改革，伊藤博文和前任驻华陆军武官神尾光臣、参谋本部部员宇都宫太郎等人都到中国进行游说活动。此次刘、庆访日期间，

1　刘学询、庆宽：《问答各词》，光绪二十五年九月初七日，军机处录副3/108/5623/16。

不仅伊藤提出过，外务大臣青木周藏、陆军大臣桂太郎谈话中都有相关的内容，并邀请刘、庆参观了陆军东京兵工厂和陆军士官学校。[1] 我不太清楚在刘、庆访日之前，日本有没有提出过"日清提携"下的清朝金融改革的设想，但从刘、庆访问活动安排中可见，银行是一大考察项目。除了三井银行、台湾银行、横滨正金银行，作为中央银行的日本银行以总裁山本达雄亲自出面接见，并让他们参观该行各部门及金库。更具目标性的活动安排是，让刘、庆参观了日本政府的印钞厂和三井下属的印钞纸造纸厂。[2] 对于伊藤博文的两项

---

[1] 青木周藏的说法后将引用。桂太郎称："本大臣忝司兵柄，默察时局，东亚近日情状岌岌，将有绝大战祸，常为贵国忧。贵国士卒能耐劳苦，全球所无，若能加以训练，亦大可用，只在将校得人。"又称："贵国学生来学此间，本大臣极为欣悦，特派妥员料理。闻近日颇有进境，再过一年，必有能入士官学校之选。本大臣仍望贵国源源派来，勿令间绝，将校一途，始足敷用。本大臣尚有未尽之言，必望达之政府，日后生徒，贵国必须量财〔材〕器使，勿置闲散，方不负本大臣为贵国储材本意。"（刘学询、庆宽：《问答各词》，光绪二十五年九月初七日，军机处录副 3/108/5623/16）刘学询、庆宽于 8 月 26 日参观陆军省东京兵工厂，由"提理"陆军少将樱井重寿等接待，28 日参观日本陆军士官学校，此时刘、庆即将结束访问，两次军事性质的访问，有点像是紧急安排的。（刘学询、庆宽：《商务日记》，光绪二十五年九月初七日，军机处录副 3/108/5623/14。又可见刘学询《游历日本考察商务日记》，光绪二十五年刊本，下，第三十至三十二、三十四至三十六页）

[2] 8 月 14 日，刘学询、庆宽参观日本银行，总裁山本达雄亲自接待，详细介绍情况，派员导引参观各处。参观完毕后，山本"检取上年（接下页）

　　　　　　　　　历史的叙述方式

要求，刘学询、庆宽的回复是完全不得要领。他们所谈的改厘金、增关税和发行国内债券等内容，很可能没有与总理衙门商量过。

根据刘学询、庆宽的《商务日记》，1899年7月20日，伊藤博文与刘、庆在居住的酒店楼上会面，从下午三点开始，至七点一刻结束；8月29日，刘、庆谒伊藤话别，"约钟许，始出"。据此，他们的谈话时间超过五小时，但刘、庆的《问答节略》对此仅有约2200字记录，不是那么详细的。

再来看日本外相青木周藏的谈话记录，其言辞更加明确地直指俄国：

> 青木曰：……昨北京密报，君等此行，大臣中亦多不合，纠众弹劾，其势汹汹，事为外闻，颇触俄忌。□两国聘问，事所恒有，本不能干预，然为将来合力御侮计，一有猜忌，虑多棘手。此时不得不密与图维。

（接上页）日本银行报告书、条例书、整理公债取调书、军事公债取调书分赠，尚有秘密章程，允以钞送"。在此之前，7月25日，刘、庆参观位于东京王子、三井下属的印钞纸造纸厂，三井方面为之介绍甚详，并称湖北省已"定造纸币一百万元"；8月3日，刘、庆参观日本政府"印刷局"，由局长亲自带领参观，"凡国家证券、金银钞票、印花、邮片以及编辑官书官报公用文册，悉归该局承办"。（刘学询、庆宽：《商务日记》，光绪二十五年九月初七日，军机处录副3/108/5623/14。又可见刘学询《游历日本考察商务日记》，光绪二十五年刊本，上，第十七至十八页；下，第四至五、十六至十九页）

答曰：某等力小任重，易招谤忌，且事机既密，形迹深秘，更足动局外之疑。此幸遭际圣明，此事上赖皇太后、皇上主持，下仗庆王擘画，乃不为群议所沮。

青木曰：贵国大臣中如李中堂深知中外，更事亦多。本大臣前任德使时相遇于柏灵，与谈时局，极承推许。

答曰：李中堂老成谋国，闻于此举极以为然。

青木曰：此番联好，出自宸断，可为大局庆贺。但以今日时局危迫，至于此极。贵国始翻然变计，本大臣转为惋惜，恨其太迟。

答曰：从前彼此失好，多误于浮言，海外情形我政府又未尽悉。甲午之役，三国出面干预，胶州一让，要索更多。推原祸本，未尝不由阋墙而召外侮。中国安危，关系亚洲全局，贵国亦当同于休戚。

青木曰：本大臣关怀中国已数十年，前宦德京，后归我国，每遇贵国公使，无不以永坚和好，合力共守，勿以朝鲜小故酿成大祸，贻东亚忧，开诚相告，属其上陈久之。贵国似仍无所闻，卒至决裂。今闻君言，海外情形，政府未悉，诚非虚语。俄自辽东执言阻我防守，势遂张于北方，哥萨克士兵纵横满洲，西伯利之路思接北京，至旅大事起，兴船坞，运兵械，舁置炮火，添备战船，聚众已八万余人，其意将欲何为，贵国亦应省觉。况辽沈乃龙兴土地，岂容沦陷外人。我非筮仕贵国，然闻外人要割中国土地，则如剥肤之痛，寝食不安，实由利害所关，故亦情不自禁。我国君臣无日不以亚洲大局为念，年来水陆兵备并加整顿，设遇敌兵二三十万尚不足惧。倘敌至吾境，则民尽为兵，亦不能长驱直入，是我国自守之计已属完密。再与贵国一气相联，全力共守，则亚东之局自保。论中国边防，俄在北，法在南，然法尚不足忧，俄则实为可虑。中国宜赶练陆师三十万，以二十万扼守北方，驻十万于扬子江，策应南北，乃能自立。本大臣办外交二十余年，深知其情。当此之时，贵国或以百万之俸聘我为总署客卿，我不敢往。倘贵国练有三十万精兵，能战能守，即以我国半俸相召，我亦乐从。盖办外交而无兵力济之，公法亦属空言，断难据此争胜。

答曰：我国亦知俄居心叵测，辽沈宜防，故荣相主练兵，刚相主筹饷，朝廷必极倚赖。

青木曰：练兵、筹款章程，我国按西法，亦有损益。宜细查考今日西国，既联交好，不同恒泛，若有借助，必能代劳。昨奉我国大皇帝面谕，贵国来电改由外务大臣转呈，归国之日望为奏明。

答曰：一一如命。

语毕遂出。[1]

1　刘学询、庆宽：《问答各词》，光绪二十五年九月初七日，军机处录副3/108/5623/16。青木曾任日本驻德国公使。"李中堂"，李鸿章。"柏灵"，柏林。"西伯利路"，西伯利亚大铁路。"荣相"，军机大臣、总理衙门大臣荣禄。"刚相"，军机大臣、兵部尚书刚毅。

刘学询、庆宽的访日，当时已遭到御史张荀鹤、胡孚宸的非议，其中胡孚宸的奏折中确有"臣又闻，十八日（7月25日）俄公使对总署大臣言及此事，颇为不平，愤愤之心，形于词色"一句。胡折上于7月29日，青木8月5日就能收到情报，可见日本情报工作之彻底（刘、庆此时肯定对此不知情）。最新的研究显示，日本驻北京公使馆在清朝军机处或方略馆收买了内奸，定期提供军机处最高等级的内部奏报。[1]青木周藏以"俄忌"为由头，称之"不能干预"，言辞中稍稍涉及当时亲俄的李鸿章，颇见心计。从整个记录来看，青木成了刘、庆的导师，耳提面命；刘、庆有如青木的私仆，唯唯诺诺。俄国本是日本的对手，青木将之称为清朝最大的威胁，让清朝练兵三十万，与日本"一气相联，全力共守"。尽管清朝内部似乎从未有人提出过以"百万之俸"聘青木为总理衙门的"客卿"，但他却自豪地宣称，若听从他的计谋，可以降到"半俸"。青木最后提到"练兵、筹款"两项，又称"若有借助，必能代劳"，与伊藤博文的劝词是相同的。至于日本天皇的"面谕"，则是直接否定了清朝建立最高一层热线的提议。

根据刘学询、庆宽的《商务日记》，7月18日，他们与清朝公使李盛铎往外务省拜会青木周藏外相，"谈论时局甚

1　参见薛轶群《戊戌政变后日本的在华情报活动初探——以驻华公使的机密报告为中心》（未刊稿）。

久"；29 日下午六点，与李盛铎往"上二町十五番"赴青木之宴，"与论亚洲时局甚详，至十二点始归"；8 月 6 日，由小田切万寿之助来约，刘、庆赴青木邸宅，从下午六点"夜谈至一钟始归"。三次谈话的时间，超过十三个小时，刘、庆《问答节略》只记录了第三次即 8 月 6 日的见面，且只有以上千余字的内容。

《问答各词》《商务日记》虽说是以刘学询、庆宽两人的名义上呈，但毕竟是刘学询主稿的，庆宽为了能够有更好的自我表现，以引起慈禧太后的关注，还单衔另上《说折》。与只是记录、不加评论的《问答各词》《商务日记》大不相同，《说折》更多是庆宽的建策。

庆宽《说折》的前半部分，是在《问答各词》之外，另外录下"所有日本大臣另行面告奴才之语，暨大臣遣友传告各语"，并加上了自己的评论，以"伏乞慈鉴"。共有七条，第一条最为重要。庆宽称：

> 日本外部大臣青木周藏及侯爵伊藤博文面告云：敝国自强之法，在整顿财赋、学校、练兵、制造、商务各大端，皆由欧洲各国考查而得，二十余年心血，将弊病横行剔尽。今虽蒸蒸日上，然尚有未能尽善之处。从前曾向贵国钦使说过，贵国政事若不变通，目前虑有战事。该大臣置若罔闻，遂误事机。现在东方时局可畏至急，再不即时振作，诚恐大变猝来，讲求更不易也。况两国

唇齿相依，非彼此富强，不能保全东方大局。理财、练兵各事，切不可再缓。此次二位既来考查，万不得敷衍塞责，切要回国请庆亲王切实奏明，将应办之法，实时仿照举行，力求自强。他国闻知，必能敛迹畏惧也。

奴才访得逋逆孙文，时于新、旧金山及南洋各处勾结匪党，煽惑人心，敛钱设会。近日时常盘聚日本，联络商民，与王照、梁启超等往来勾结，立会摇惑等事。并倚日本壮士党为声势，大隈伯爵、犬养为护符。并闻伊藤虽不同党，于该匪等亦有羁縻之意。又传闻孙逆于春间改换西服，游历长江一带，并勾结山东、湖南、四川会匪谋为不轨。谣言之甚者，谓内外勾结不下四五十万人。传言虽无实据，然内而各省，外而各国皆有所闻，究亦不可不防。

谨案青木、伊藤告语谆谆，意殊迫切。熟察词气之间，冒昧揆度，若我国毫无举动，恐日本以我无自强之望，即当另谋他策，似有将用康、梁、孙文之意。[1]

以上段落是我分的。第一段是引青木周藏和伊藤博文的说法，说明了"大变猝来"，也说明了"理财、练兵各事"，言词中颇有教训之意。第二段是庆宽的观察，说明了日本各界尤其是政界与孙中山、王照、梁启超的特殊关系，大隈

1　庆宽：《说折》，军机处录副，3/111/5738/66。

重信、犬养毅、伊藤博文等人对这些反清分子"亦有羁縻之意"。第三段是庆宽的结论，即清朝若不及时改革，日本（尤其是伊藤、青木）将会换马，转向支持康有为、梁启超、孙中山，以改变中国的政治格局。庆宽不知是根据何种逻辑得出这一结论的。日本政界诸要人利用浪人或社会组织，联络或资助中国革命党人或反政府人士，是其插手清朝内政、操控东亚各国政治格局的一贯做法。若真要更换政府，日本当时根本还不具备这一能力，且须受到各国的制约。庆宽将伊藤等人奉为可以操纵中国政局的主人，如此"伏乞慈鉴"，还真不知道慈禧太后看到此语时又将作何感想！

庆宽《说折》的后半部分是《敬陈管见六端》，提出其改革方案六项：学校、财赋、军政、商务、农工、警察，大谈日本"经验"，要求派大员到日本考察"六大政"。我看了之后，感觉很可能是庆宽找人代笔的，所有的言论都是上海等地的报刊上经常谈到的，不去日本也是可以随便谈谈的。我这里选第一项"学校"为例，看看庆宽的知识水准：

一、整顿学校。由家塾、党庠以至国学，此小、中、大学之阶级。由离经辨志以至大成，此限年卒业之课程。两国学堂之法，皆吾三代以来之学制，初非新政。近世教化不广，人才不盛，由于学臣失职，学非所用之故，广设学堂所以救学堂之弊也。

日本凡国民年届六岁，应进寻常小学，凡四年毕业；

再进高等小学，凡四年毕业；再进高等中学，凡五年毕业。勿论贫富贵贱子弟，必须进此小、中两学，所谓国民必须之学，又即所谓普通学也。普通学毕，则进高等学校，讲习专科。四年毕业后，进大学。又四年，毕业授为学士。其各学校教科之书，皆由文部核定。师所教，教是书，弟所读，读是书。故其国人无不学，学无异趋，上者政君泽民，下者亦必明忠孝之大义，有治生之学业。

中国仿设学堂，自天津始，由是而湖北、上海、江宁、浙江、安徽、京师继之。晨星落落，弦诵声稀，比之日本不啻沧海一粟。且人自为教，无一定之书，小学未兴，遽言高等，遽设大学，弊在于致速。惟上海轮船、电报两局众商捐办之南洋公学，循序渐进，略具规模。乃自上年八月以后，中外官绅，妄测朝廷意旨，兴学一事，动色相戒。近来刚毅因撙节经费，奏撤江宁学堂，日本之人，群目为不祥。西人訾议，亦率如此。

环球各国，皆以教化为立国之根，自强之基础。波兰、印度之广土众民，以无教化而速亡；瑞士、瑞典之弹丸小国，以有教化而长存。有国有家者，不可不深长思也。[1]

以上段落是我分的。庆宽所论，就其大方向来说，是正确的，若细究其内容，却多有错误。第一段称"学堂办法"是

1　庆宽：《敬陈管见六端》，军机处录副，3/111/5738/65。

中国"三代（夏、商、周）以来之学制"即大误。近代教育是一个知识体系的教育，小、中、大学与三代的家塾、党庠、国学是不同的，且三代的教育制度多见于古文经，尤其是《周礼》，其真实情况是不太清楚的。中国（或日本）没有直接走向近代教育，非为"学臣失职"所致。第二段讲日本的国民教育与普通教育制度，强调其最终效果是培养出"政君泽民"的"上者"和"明忠孝大义"有"治生之业"的"下者"，这些虽然是明治教育的主要目的，但并不是唯一目的，没有谈到"求知识于世界"的教学内容。"政君泽民"是志向，能否做到，则要靠其知识。第三段讲到了中国近代教育的发展，这种从天津到湖北的传播路线不知庆宽得知于何方。"小学未兴，遽言高等，遽设大学"，实际上是讲一个鸡生蛋、蛋生鸡的悖论。第四段说的是教育的重要性，然而波兰、印度并非因教育不良而亡国，瑞士、瑞典亦非因教育优良而长存。根据刘学询、庆宽的《商务日记》，他们并没有考察日本的教育，也没有参观过日本的大、中、小学。若以庆宽的上述思想来兴办近代教育，与日本明治时期教育发展经验，只有形似而不得其要领。

在刘学询、庆宽的访日报告中，让我读之最为兴趣盎然的，是关于日本银行金库的描述，《商务日记》记曰：

……复引观地库。周围砌石，以石镶地，小铁轨使于运送，并设有发电机器，燃灯送风，皆由电机发动。

杭州刘庄，刘学询众多家产之一，今西湖国宾馆

19世纪末的日本银行

　　　　　　　　　　　　历史的叙述方式

虽在地室中，无黑暗潮湿之虞。库凡十有三库。门置锁钥两重，外重有设一时表者，某时启库必用某钥乃能启之，易他钥不能启也。启时，内有监掣，外有护兵；启闭后，封志其上。防弊之法，至严密矣。是日，尽启其库，逐一引看。就金钱而论，库存六千七百余万，据云合分行库储，共存一万三千余万，钞票即依此数行用。旋出库外，查看四围，周以小渠，宽仅数尺，而深逾寻丈。遇不测，则开机器灌渠，使库宛在水中，莫之能为……

文词中可见其惊异的神态，有如儿童观看西洋景。时任中国第一家商业银行——中国通商银行董事的刘学询，向日本银行总裁山本达雄询问该行的造价，答曰："筑造银行工本约一百五十余万。"曾任内务府银库员外郎的庆宽，至此又会有什么想法？那座管着清朝皇室用度的库房，留下了种种"库丁谷道"的不洁传说。这位超期任职的银库官员，给自己挣下了宝禅寺胡同（今北京西城宝产胡同）一处严重逾制的"共计灰瓦房一百八十二间半"的大宅，也在民间留下了"房新树小画不古，此人必是内务府"的看房经验。[1] 尽

---

1 庆宽位于宝禅寺胡同的住宅被抄后，于 1898 年由清廷拨给裕亲王福全的后人镇国公荣毓的家人。荣毓之府第原位于台基厂，清朝最初有意改建为国宾馆，后被划入奥匈帝国使馆建设区。荣毓之子，名魁璋，袭封镇国公，庆宽旧宅今亦称"魁公府"。

管山本达雄总裁告知"一切度支，均归本银行司其出纳，大藏省专主会计而已"，庆宽的《敬陈管见六端》也说明了其财政改革的设计，有"钱币""纸币""银行""租税"四项，但他们似乎没有想到，中国若是按照西方的样式建立国家银行，发行其通货，设置其金库，原来庞大的由户部银库、内务府银库、各省藩库组成的用于纳入、保存和支放实银的库藏体系，将因丧失功能而会完全消失，变成户部、内务府、各省布政使司在国家银行上的一个个账户。[1]

详细阅读山县有朋《意见书》，再详细阅读刘学询、庆宽访日报告，我个人突出的感受是，双方在国际关系观念、处理国际关系手段以及政治、经济诸多学识上存在着的巨大落差。这些都是知识的差距。

也正是如此，刘学询、庆宽使日的第二年，1900年，中国北方爆发了义和团的反叛。民众的反抗自可视为利益上的以牙还牙，反抗方式的愚昧却是近代教育的欠账；颟顸的清朝王公们竟然相信能降妖伏魔的"神兵神将"，亲眼查验"刀枪不入"的神功。这些仍表现出知识的差距。从6月21日清朝发布宣战诏书，到8月15日慈禧太后、光绪帝逃出

---

1 以上引文见刘学询、庆宽《商务日记》，光绪二十五年九月初七日，军机处录副，3/108/5623/14。又可见刘学询《游历日本考察商务日记》，光绪二十五年刊本，下，第十六至十九页；庆宽：《敬陈管见六端》，军机处录副，3/111/5738/65。

北京城，时间仅仅是55天。8月28日，俄、日、英、美、法、德、意大利、奥匈帝国八国联军共计3170人在紫禁城举行阅兵式——从大清门进入，沿中轴线，入天安门、端门、午门，穿越太和、中和、保和三大殿，出神武门，整个过程奏乐鸣炮，前后历时一个小时。[1]紫禁城的中轴线，仅供皇帝、皇后、皇太后使用，而八国联军的铁蹄亵渎着大清帝国最神圣的象征。到了这个时候，日本及侵华列强，还真有本事可以决定慈禧太后的政治命运。

知识的吸取与生产

中华民族是富有智慧的民族。中国历来就是知识的生产大国。中国不是没有知识人，中国历史上有不可计数的著述——思想、历史、地理、经济、政治、诗歌、艺术……乃至古代科技。对于境外的知识，中国史籍中亦有相当多的著述，周边许多国家和地区的历史揭秘，仍须依赖着中文的记载。最为著名的事例是吴哥窟，曾被森林覆盖数百年，法国人考古发现的重要文献依据，是元代周达观的《真腊风土记》（约1296年）。

自15世纪中后期葡萄牙人、西班牙人不再依赖传统的地中海航线，而是在大西洋分头向东、向西航行起，人类进

---

1 大清门，明朝称大明门，进入民国后称中华门。明、清时期象征着国门，平时不开。1954年被拆除，1976年在原址上建毛主席纪念堂。

入了大航海时代，也就是全球化时代——随着投资的暴利和掠夺物的丰盈，关于海洋、地理、天文、生物、矿产等各方面知识急速增加；随着荷兰、英国、法国等欧洲国家加入全球扩张，国际关系的游戏规则也由此建立起来；文艺复兴运动促发了人文精神的弘扬，教会与教士不再是主要的知识拥有者和生产者，诸如英国皇家学会（The Royal Society of London for Improving Natural Knowledge）、法兰西学术院（Académie Française）、圣彼得堡（俄罗斯）科学院等各种科学机构与科研组织，也在英、法、俄等许多国家建立起来，传统的大学也开始向近代大学转型，知识的形式、内容与体系大为改观。

中国人在大航海时代曾有郑和下西洋的壮举，福建"八山一水一分田"的自然环境使得那里的人们到海上去讨生活，然而，明清两代政府并没有将海洋当作发展的方向。明清两代持续改进、止于至善的科举制度，又使得读书人关心的是传统学说（主要是儒学）及其在当时的运用。教育是为科举服务的，读书人所读之书是世代相传的。中国传统的士大夫（主要是儒学者）非常注意留下自己的著作，尤其是诗作，对于外部知识，属于"蛮夷"体系，他们是不那么关心的——尽管葡萄牙人、荷兰人、西班牙人、英国人、法国人的舰船一拨拨地到来，尽管耶稣会、方济格会、多明我会和新教的传教士一拨拨地到来……

1793 年马戛尔尼来华时，清朝与英国之间的贸易量已达到相当高的数量，是当时世界上最大的贸易伙伴之一。双方的主要差距在于知识。此后清朝虽然过了近半个世纪比较太平的日子，但知识的差距越拉越大。再往后，清朝在军事上败于鸦片战争、第二次鸦片战争（英法联军之役）、中法战争、中日甲午战争，在外交上败于英国、俄国、法国、日本和德国，牺牲了许多生命，损失了重大权益，付出了巨额赔款，割让了大片土地。如果细究其中多次失败原因，最主要的因素之一是知识的差距。这些都是血肉、利益、金钱、疆域换来的教训。

1899年刘学询、庆宽使日时，是日本明治维新的第三十二个年头。1840年，英国发动鸦片战争；1853年，美国军舰开到了东京湾。当时的日本，在知识上与清朝相差无多。1868年，明治天皇发布"五条誓言"，我个人认为最重要的是第五条，"求知识于世界"（青木周藏于这一年到德国去留学）。1871年日本派出岩仓具视使团，访问十二个国家，历时一年又十个月（伊藤博文担任使团副使）。由此开始，日本与清朝在知识上拉开了差距。上面的叙述可以看出，刘学询、庆宽在知识上根本不是伊藤博文、青木周藏的对手。

情况又由此开始变化。

八国联军之役后，1901年，清朝的总理衙门改为外务部，开始注意外部知识的学习，培养并招募职业外交官。再过十年，到了北洋政府时期，这批外交官开始崭露头角，在国家实力非常弱小的情况下，进行着非常有活力的外交。当时的中国虽然贫穷落后，但在新的教育制度（包括留学制度）下，他们掌握的知识（尤其是外部知识）正在迅速扩充。北洋政府的外交官在知识上已经不输于列强，尽管在情报搜集与分析能力还有不小的差距。这就是唐启华教授在《北洋修约史》和《巴黎和会与中国外交》两部重要著作中所展示出来的让人激奋的进步。[1]

我的这个主题演讲，题目是《知识的差距：从马戛尔尼使华到刘学询、庆宽使日说起》，既然已经"说起"，就应当结束了，接着应该是你们往下说了。你们这个团体名为"中外关系与近现代中国的形塑研究群"，你们这个会议叫作"和战之际的清末外交研讨会"，所作所为就是外部知识的学习、掌握和生产，意义重大。[2] 尽管这类外交史、政治史的研究现在不那么被看好，也经常处于窘境，但这个国家和里面的人们，仍然是需要外部知识的。我们坚定地相信，做这一行是绝对有价值的。我们之所以会这么说，有充足的理由：中华民族若要充满自信地巍然站立于世界列强之廷，即加入"大国俱乐部"，须得大量地吸取和生产

---

1 唐启华：《被"废除不平等条约"遮蔽的北洋修约史（1912—1928）》，北京：社会科学文献出版社，2010 年；《巴黎和会与中国外交》，北京：社会科学文献出版社，2014 年。

2 "中外关系与近现代中国的形塑研究群"即"中华民国外交史研究群"。我在后面《培养出超过自己的学生》一文中，还将提到他们的生存方式。

各类知识，尤其是外部知识，不能也不该再有这般知识的差距。

2018 年 2 月 2 日在政治大学（台北）人文中心和"中外关系与近现代中国的形塑研究群"共同举办的"和战之际的清末外交研讨会"上的主题演讲。2 月 4—11 日修改。部分内容刊于《南方周末》2018 年 8 月 2 日

甲午战后远东国际关系与中日关系

　　2015 年是第二次世界大战胜利七十周年，也是抗日战争胜利七十周年。我学校里的同事，得知我是历史系的，经常向我提问：为何中日关系处于今天的状况？为何战败的日本与德国不一样？为何日本能通过新安保法案？……我不是研究这一领域的专家，他们却以为历史学家是什么都懂的。于是，我就不停地进行说明与解释；于是，我在澳门大学曹光彪书院于 2015 年 9 月举行的"第二次世界大战与东亚"的圆桌讨论中作了发言；于是，我又在于 2015 年 11 月举行的"北京论坛"中"缔造和平之路的历史责任与多元记忆"分会场作了发言。

　　本文即两次会议的发言稿修改而成，旨在说明历史学家考虑现实问题的习惯方法：从最远端开始，由最宽处放眼。

甲午战争与"三国干涉还辽"

1894—1895 年，中国与日本之间发生了战争。该年是中国的甲午年，又称甲午战争。战争的起因是朝鲜王国的内部政务，即东学党起义。清朝与朝鲜王国之间有着传统的宗藩关系，应朝鲜王国的请求，清朝作为宗主国派兵入朝。日本也根据相关条约派兵进入。朝鲜的内乱很快平息了，中国要求日本军队同时撤退，日本却提出了共同改革朝鲜政治的要求，其核心是不撤兵。

此时的日本对中国已经进行了很长时间的战争准备：对中国的政治、经济、军事、地理、社会都进行了研究，在上海、汉口、天津等地有研究机构和研究人员；对中国的军事要地绘制了比较准确的地图；日本海军主要假想敌就是北洋海军，其装备与训练都有其针对性；日本陆军也仿效德国制度，建立军校，成立师团，组建指挥与参谋机构。由此，日本在朝鲜牙山、黄海丰岛挑起了战争。而中国当时并没有完成针对日本的战争准备，清军去朝鲜前尚不知将与日本军队开战，仓猝应敌，分别在陆上与海上战败，只能与日本在马关进行和谈。

《马关条约》主要内容是四项：一、中国承认朝鲜为自主国（放弃宗藩关系）；二、中国割让台湾和辽东半岛给日本；三、中国赔款白银两亿两；四、中国与日本重新签订通商条约，给日本相当英国、美国等国的不平等权益。其中最

《中日马关条约》所附割让辽东半岛地图

图左上方的印章为"大清皇帝之宝今印第今印十四字印""中图总理衙门十四字印""钦差十四字印"

关键的是第二条,割地,尤其是割让辽东半岛,对清朝的国家命运会有很大的影响。

俄国、德国和法国对此做出了反应。

俄国正与英国进行全球竞争,相当重视发展其远东势力,1860年中俄北京条约,使之成为真正的太平洋国家,并在图们江口与朝鲜相连,此时正在修建连接远东的西伯利亚大铁路。日本若占领辽东,将对其远东地区和朝鲜半岛的利益产生威胁。德国此时大体完成民族统一,正在崛起,发现世界已由英、法、西班牙、葡萄牙、荷兰等国占领完毕,甚至欧洲的弱国或小国,如意大利、比利时都有其海外殖民地。德国也开始其世界性的扩张,挤进非洲,直入太平洋,遥望亚洲,对远东事务表现出兴趣。法国已经是一个世界帝国,在亚洲占据越南、柬埔寨、老挝,建立法属印度支那,并在中国上海、天津、汉口等地也拥有租界。日本占领台湾,对法国有一定的威胁。法国与俄国有同盟关系。这样,由俄国发起,德国和法国参加,对日本割占辽东半岛进行干涉。俄国远东舰队开始集结,德国与法国在远东也有军事力量的存在。

日本已与清朝签订了条约,处在条约批准与互换的阶段。日本没有能力立即与俄、德、法三国开战,对此只能让步。然而,日本表示,他们是向三国让步,而不是向中国让步,并向中国提出了新增赔款白银三千万两的要求。

这就是历史上著名的"三国干涉还辽"。

"三国干涉还辽"使获得战争胜利的日本，对国际事务有了警觉，开始了他们"卧薪尝胆"的新历程。

中俄密约与青岛、旅大等权益的丧失

"三国干涉还辽"，使战败的中国看到了希望，即通过他国的力量来制约敌手。这与中国传统的"以夷制夷"的谋略似乎是相通的。然而，清朝对于国际关系缺乏相应的知识，对国际关系的格局与历史缺乏相应的研究，不知道弱国在国际交往中的真实处境和应变对策。从表面上看，清朝有俄、德、法三大国撑腰，共同对付一个日本。实际上是俄国、德国、法国有意在远东进行大规模的扩张，清朝不了解整个国际态势和远东国际关系的急剧变化，在外交上越来越被动。

1896 年，因沙皇尼古拉二世加冕，清朝派总理衙门大臣李鸿章为头等出使大臣访问俄国，签订了《中俄密约》。该约是一个军事同盟条约：俄国的远东地区、中国和朝鲜若受到日本的威胁，另一国将全力援助。李鸿章认为，该约能给中国带来二十年的和平。然而，《中俄密约》中最重要的内容，是允许俄国建造经过中国东北而到达海参崴的铁路（从满洲里经哈尔滨到绥芬河），史称"中东路"，即俄国西伯利亚大铁路的一段。俄国的势力通过这条铁路进入中国东北。

中国在甲午战败之后完全退出了朝鲜半岛，但日本并没有立即占据上风。日本对朝鲜施加了种种压力，闵妃（明成皇后）被日军所杀，朝鲜国王高宗于 1896 年 2 月 11 日从日军控制的王宫逃往俄国公使馆，住了一年多，史称"俄馆播迁"，俄国势力由此在朝鲜半岛超出了日本势力。日本为了防止与俄国直接发生冲突，签订了第一次日俄议定书，以能使日本势力继续留在半岛。后来日本也乘着尼古拉二世加冕典礼，由山县有朋与俄国签订第二次日俄议定书，以保持其在半岛的势力与俄国相对平衡。

俄国在朝鲜半岛的扩张，与其对英全球战略有关。英国力图将俄国封锁为内陆国家——在波罗的海，俄国面对着不那么友好的芬兰和瑞典，经过丹麦进入大西洋，立即遇到英国；在黑海，俄国面对着其宿敌奥斯曼帝国（今土耳其），出了海峡进入地中海，立即遇到了英国；在高加索，英国控制了波斯（伊朗）；在中亚，英国控制了印度（今印度和巴基斯坦），不让俄国进入阿拉伯海及印度洋。俄国虽在远东拥有出海口符拉迪沃斯托克（海参崴），但该港在当时的气候条件下冬季会封冻。俄国希望得到朝鲜半岛的一个港口，目标一度放在釜山一带。

德国此时在非洲（今坦桑尼亚、喀麦隆、纳米比亚、博茨瓦那）和太平洋（今天的巴布亚新几内亚、马绍尔群岛、密克罗尼西亚）有了一些殖民地，但都是非常落后的地方，也不在主要航道上，经济上没有获益之处。他们的视野开始注视到远东，尤其是中国。德国以"三国干涉还辽"的功绩，要求中国给予一个海军加煤站。他们看中了两个地方，一是福建的三都澳，另一个是山东的胶州湾。清朝政府以国际平衡为由，拒绝了德国的要求。1897 年 11 月，德国借口传教士被杀，出动其远东舰队占领了胶州湾（青岛），迫使清政府于次年签订租借条约，租期九十九年，并准许德国修建胶济（胶州湾到济南）铁路。山东成了德国的势力范围。

在德国占领青岛时，清朝因中俄密约的关系，希望俄国进行干涉。俄国宣称要派军舰入旅顺、大连，进行保护，然后劝说德国。1897 年 12 月，俄国军舰进入旅顺、大连，随后要求租借。清朝于次年被迫签订租借条约，租期二十五年，并准许俄国修建中东路支线，即从哈尔滨经长春、沈阳到大连、旅顺的铁路。这样，西伯利亚大铁路、中东路、中东路支线与符拉迪沃斯托克、旅顺军港、大连民港，使俄国不仅有了远东的不冻港，有了与本土相连的完整的交通系统，而且将会成为联系欧亚的大通道。中国东北成了俄国的势力范围。

英国是当时世界上最强大的国家，在远东拥有最大的影响力，在中国有香港、上海公共租界和天津、汉口等处租界，并以长江流域为其势力范围。英国见俄国、德国在中国北方势力日见强盛，也立即下手。日本在甲午战争之后占据山东威海，根据条约，清朝在偿清赔款后，日本应将之归还。英国此时提出了租借威海的要求，清朝只能与英国签订条约，租期二十五年。由此，在德国占青岛，俄国占旅、大的中间，英国占据了威海卫；在德有胶济铁路，俄有中东路、中东路支线的中间，英国也获得了榆关到奉天（今沈阳）的"关内外铁路"的货款权，在中国的北方形成对峙的势力。此后，英国又提出了租借新界的要求，租期九十九年，使香港的面积扩大了十倍。

法国见此也不甘心，1898年进占广州湾（今湛江），提出了租借要求，租期二十五年，后将该地并入其法属印度支那。法国也获得了修建广西铁路的权益。

其他国家呢？

美国是一个后起的国家，从大西洋到太平洋，已花费其大量的时间。他们此时的主要方向还是加勒比海，主要敌手是西班牙。未久，美国发动了美西战争，得到了古巴与菲律宾，此时还来不及向中国动手。西班牙、葡萄牙、荷兰在亚洲的地位已经下降，西班牙在美西战争失败后基本离开了亚洲。意大利、奥匈帝国的力量不足。这些国家没有能力向中国提出要求。

"三国干涉还辽"后的远东国际形势，至此已经一大变。

日本的修好工作与"化敌为友"的效果

日本此时要消化甲午战争的战果（主要是台湾），同时在朝鲜半岛与俄国相争，还没有力量继续向中国动手，以免再度引出与列强的矛盾，只是强调了福建不得割让。

俄国在朝鲜半岛和中国东北的势力强盛，使日本认清了下一个敌人。日本利用俄国、德国的侵略行动，到中国进行宣传，主张日中修好，以能拆散中俄同盟。他们认为，中国的海军将是他们的敌手，不能发展，中国的陆军很可能是日本对抗俄国的助手，日本应当主导中国陆军的发展。日本陆军参谋次长川上操六派官员神尾光臣等人进行游说活动，日本驻华公使矢野文雄、驻上海代理总领事小田切万寿之助等人也进行了相关的活动。有史料证明，日本还给天津等地的中国报馆以特别的津贴，以能影响中国舆论。然而在外交上，日本没有与俄国直接相争，而是达成了第三次日俄协定书，其基本精神是满朝互换，日本承认俄国在满洲的特殊利益，俄国承认日本在朝鲜（大韩帝国）的特殊性。三次日俄协定书，日本虽然没有吃亏，但一直是"三国干涉还辽"以后进行"卧薪尝胆"的持续动力。

日本的日中修好工作虽然动作很小，却收到了极大的效果——在俄、德、法、英的极度压力下，相对温和的日本让人感到希望。清朝的内部发生了变动，从甲午战败后的极度仇日，还不到三年，许多重要人士变为亲日甚至主张联日：这些人中有光绪皇帝、湖广总督张之洞、两江总督刘坤一、总理衙门大臣张荫桓、湖南巡抚陈宝箴、上海道台蔡钧，以及康有为、谭嗣同、杨深秀、唐才常、梁启超等变法维新人士，这些重要的人物又影响了更多的人。他们试图联日联英，以能牵制俄国、德国、法国，防止中国被瓜分。他们并不知道，在伦敦、柏林、圣彼得堡、东京，各国外交官都在进行秘密交易，根本不考虑中国的意见。"以夷制夷"的主观设想，很可能变成他国交易的棋子。就在远东国际关系大变动的态势下，日本在中国完成了"从敌到友"的角色转换。

1898 年的戊戌变法，康有为等维新人士试图以日本的明治维新为榜样（他们了解的只是表象），过去的敌人，现在成了朋友，成了老师。到了百日维新的关键时刻，甲午战争期间担任日本首相的伊藤博文，因国内政潮而下野，到北京进行私人访问，受到极其热烈的欢迎。清朝总理衙门正式接待他，光绪帝召见他，康有为也与他有过私人的交往。清朝众多官员（包括康有为一派的官员）上奏，请光绪帝留下他，作为指导维新运动的顾问。昔日的敌酋，今日的上宾，还有可能成为导师。这一戏剧性的动人一幕也引出一些官员的紧张。他们上书慈禧太后，要求干预此事，成为后来戊戌政变过程中的一个重要环节。

戊戌变法失败后，日本政府帮助梁启超等人逃亡日本，资助康有为从香港赴日本，后又根据清朝政府中张之洞等人的要求，礼送康有为出日本，避免与清朝决裂。中国与日本依旧保持较好的国家关系。

日俄战争的后果

1900 年，中国发生义和团运动，清朝政府犯下决定性错误，英、法、德、美、俄、日本、奥匈帝国、意大利八国组成联军侵华，占领了北京。由于地理条件和英国陷于布尔战争等因，日军的数量在八国中是比较大的，是进攻北京的一路主力。与此同时，俄国以保护中东路、中东路支线为名，出动了13万军队，占领了东北的要地。《辛丑条约》签订后，各国军队陆续撤出北京等地，而俄国军队却赖在东北不走。英、美、日本皆对此表示不满，而日本感到的威胁最大——俄国在海参崴和中国东北的双重存在，不仅将使日本无法控制朝鲜半岛，且无法进入大陆。

由此，日本加速了英日同盟的进程，以争取国际援助，避免"三国干涉还辽"时的孤立。日本频频与中国政府及地方大员商量抗俄对策，使之对俄政策上态度强硬，拒绝签订承认俄国占领东北现状的条约。日本的这一做法，在中国引出了许多好感。当时中国学生大量赴日本留学，在此鼓动下，组织了拒俄义勇队，并进行了广泛的宣传。随着西伯利亚大铁路的即将完工，日本感到军事压力增大，于1904年2月中止谈判，发动了对俄战争。

1904—1905年的日俄战争，其主战场在中国东北，最为血腥的战事发生在旅顺与沈阳。清朝虽有与俄国军事同盟的密约，但在俄国占领东北的情况下，同盟已不存在。清朝采取了中立的立场，宣布局外中立。至此，日本的外交目标完全达到了。1905年，战败的俄国与日本签订《朴次茅斯和约》：俄国让出南库页岛，承认朝鲜是日本的势力范围，

日军重炮攻击旅顺口俄军要塞

并将其获得长春以南到旅顺的中东路支线和旅顺、大连两港转让给日本。日本成了东北亚的主人。

从1895年的《马关条约》，到1905年的《朴次茅斯和约》，这十年中发生了什么？

从日本的角度来看，辽东半岛因三国干涉而失去，此次再次夺回，并得到了朝鲜与南库页岛。

从中国外交的角度来看，希望依靠俄、德、法三国来对抗日本，结果失去了青岛、旅顺、大连、湛江，而胶济路、中东路与中东路支线，更是使山东、东三省完全处于危险之中；由此再想依靠英国、日本来对抗，仍是一无所获，对英国是失去了威海与新界，日本战胜俄国后，东三省的南部是日本的势力范围，北部是俄国的势力范围。中国的灾难是大大增加了。

1895—1905 年，是中国外交大失败的十年，也是日本外交和军事大胜利的十年。一位美国学者认为，1898—1908年是中日关系的"黄金十年"，两国没有战争，日本对中国的改革事业充满着同情，等等。我个人认为，这只能是一种片面的看法。

1905 年，日本对大韩帝国进行"统监"，1910 年，日本与韩国"合并"。

1917 年，日本因第一次世界大战对德国宣战，占领青岛与胶济路，1922 年，因美国等国的反对，日本撤出青岛并允许中国"赎回"胶济路，但保持其在山东的影响力。

1928 年，日本制造了皇姑屯事件，炸死张作霖；1931年，发动九一八事变，占领东北；1932 年，日本制造伪满洲国，苏联随后将中东路北部的权益出售给伪满洲国（1.4亿日元）。

以上所有这些，似乎都可以看成 1895—1905 年日本应对远东国际关系变化的外交和军事战略合乎逻辑的后果。

历史在重复

以上如此详细地对 1898—1905 年远东国际关系与中日关系进行叙述与思考，目的是重新审视 1945 年第二次世界大战结束后的十年，乃至到今天的远东国际关系与中日关系。

我们很容易地发现历史在重复，有其相似性。

当战争结束时，在战争中吃够苦头的美国人，决定最严厉地惩罚日本：不主张日本发展与军事有关的重工业，警惕神道教在社会思想的影响，限制日本的极端言论，按美国的方式来改组日本的大学与研究机构。1946 年，美国为日本制定了"和平宪法"，其第二章第九条规定：

> 日本国民衷心谋求基于正义与秩序的国际和平，永远放弃以国权发动的战争、武力威胁或武力行使作为解决国际争端的手段。为达到前项目的，不保持陆海空军及其他战争力量，不承认国家的交战权。

也就是说，日本没有宣战权，没有军队和战争力量，也没有交战权。

当战争结束时，在战争中蒙受最大灾难的中国，蒋中正委员长"以德报怨"，除收回台湾及其附属岛屿、废置伪满洲国外，没有主动地对日本采取管制手段，并将琉球交给美国进行托管。蒋委员长此时考虑的不是战后中日关系，而是如何与中共作战。

当战争结束时，已经在战争中获得利益的苏联，报了前次日俄战争之仇，重新占领了南库页岛，并与美国分界管治朝鲜半岛，恢复其在中国东北的中东路、中东路支线及大连、旅顺等权益。这不仅恢复到日俄战争之前的最大利益态势，且有所超越。

然而在此时的欧洲，两大阵营已经形成，冷战已经开始。完全由美国占领的日本，在阵营上属于西方，与德国的处境不同。

然而在此时的中国，国共合作已经破裂，随后发展为内战。战争中的双方完全没有意识到清理日本在中国的战争罪行。1949年，共产党在军事上获胜，成立中华人民共和国，开始准备解放台湾。1950年2月，中华人民共和国与苏联签订了《中苏友好同盟互助条约》，中国与俄国再次结成军事同盟。

1950年6月25日，朝鲜战争爆发，27日，美国派第七舰队进入台湾。美国对日本实行新政策：从敌对改为扶植。1951年9月，美国主导对日本和约《旧金山和约》签字（中国与苏联在外），并与日本签订了《安保条约》，实际上允许日本再武装。1952年，"中华民国"政府与日本签订了《日华和约》。

又是朝鲜半岛。中国军队再次进入，与美国等国的军队作战，苏联亦卷入其中。

又是"化敌为友"。日本此时不再是美国的敌人，不再是台湾地区的敌人，甚至在冷战的背景下，日本躲身于美国之后，也不再是苏联和中华人民共和国的敌人。

以后的历史为人们所熟悉。

1953年，《朝鲜停战协定》签订，1954年，日内瓦会议达成了越南的停战协定，而日本已度过了战后最艰难的十年，开始重新崛起……

1972 年，尼克松总统访华，中日邦交正常化，1978 年《中日友好和平条约》签订，在中国与苏联政治与军事严重对立的背景下，进入了"中日友好"时期……

…………

从历史中可以看出，中日关系不是单独的两国关系。就甲午战争而言，战争因朝鲜而起，就结局而言，与整个远东国际关系相关；就第二次世界大战结束后而言，冷战改变了世界格局，朝鲜战争又一次区别了敌我阵营，日本躲开了一切战争惩罚，战时的许多政治家又活跃在日本政治舞台上。

今天的中日关系是历史形成的，有着多国的因素：其中一个重要变数是朝鲜半岛，参与的各国到了今天，都是"六方会谈"的成员；另一个重要变数是结盟，中俄同盟、英日同盟、门户开放、冷战格局、国际共产主义运动、美日同盟与安保体制等。今日的中日关系是历史形成的，也有着两国国内的因素，尤其是在中国，清流党人、伪满洲国、国共分裂等，都影响着中日关系的走向。日本之所以不会成为德国，是因其国内环境，它与四大国共同占领、分裂成两个国家的德国不一样。1972 年美国将冲绳交给日本，1990 年两德合并，时间上相差了十八年，而且从形式到内容都有很大的区别。今日日本之所以能突破"和平宪法"，通过新安保法案，除本国的各种势力的活动外，也取决于美国的态度。

由此，从最远端开始，由最宽处放眼，是历史学家对待现实问题的习惯性思路。只有这样，才能找到问题的本原，才能看清多重且交错的关系。历史学家不能提供解决现实问题的答案，但历史学家却能提供解决现实问题的智慧——历史知识正是观察与处理现实问题的必要条件。对一个复杂的国际问题，不能指望某个智慧超常的政治家一下子就能解决，而是需有一个具有历史知识的职业团队，共同研究，平衡利害，以能找到对己方利益损失最小的解决通道。

从最远端开始，由最宽处放眼，是一个观察和思考的方法，由此我们可以看到许许多多原来不在视野之中的现象，想到许许多多原来不在思虑之中的线索。中日关系再复杂，也是可以看明白和想明白的：中日两国的道路如此不同，从各自国际战略的角度来看，皆有其胜算与败着，但不可忽视的是，两国在职业外交官的素质养成和国际关系尤其是国际关系史的学术研究方面，仍有着高下的差别。

刊于《南方周末》2015 年 11 月 26 日

历史的叙述方式

1759 年洪仁辉事件与澳门的角色转换

今天这个分会的主题是"澳门经验：探索文明交融的成功实践"，题目看起来非常有文化有意境，但我很难进行如此有文化有意境的表达。我只是历史学家。我先来讲一个故事，然后说一下背景，最后谈一下我的看法。

我先说一个 18 世纪中叶的故事。

我们知道，很长时间以来，英属东印度公司垄断着对华贸易。他们对广州的商贸条件表示不满，有意在中国的北方开辟新港。1755—1757 年（乾隆二十年至二十二年），东印度公司多次派船北上，图谋在离丝、茶产区更近的宁波等处开辟通商口岸。此举引起了清朝政府的重视。为了阻止英人的北上，清朝提高了浙江的税收，比广东高出一倍，试图以经济手段让英人放弃浙江而回归广东。但是，清朝这么做的效果不明显，仍有船只继续北上宁波，进行交易。在此情况下，乾隆皇帝于 1757 年（乾隆二十二年）宣布关闭广州以外所有的海上榷关，西方商人只许在广州一口进行通商。此即清朝历史上著名的"一口通商政策"。

然而，东印度公司对此并不顺从，而是再次派其汉语翻译洪仁辉（James Flink）率船北上，进行交涉。1759 年 6 月 13 日，洪仁辉驾船从广州北上，6 月 24 日在舟山海面被清军发现。舟山清军得知洪仁辉的目的后，劝其南下广东。6 月 27 日，洪仁辉向南行驶至舟山群岛的南端南韭山岛后，没有继续南下，而是挂帆北上。7 月 18 日，洪仁辉一行到达天津大沽。7 月 23 日，直隶总督方观承将此事件奏报乾隆帝，并附上了相关的文件。此事引发了一场大的风暴，乾隆皇帝大怒。

乾隆皇帝得到洪仁辉控状，对英方的各种要求未予理睬，对英方控诉粤海关监督李永标贪腐行为的言辞特别关注。他派给事中朝铨从天津带同洪仁辉赴广州，并派福州将军新柱从福州前往广州，会同两广总督李侍尧共同审理此案。

福州将军新柱于是年 8 月 25 日到达广州，给事中朝铨于 9 月 10 日到达广州，两广总督李侍尧将粤海关监督李永标解职，共同审理洪仁辉案。此案的处理方向不是中国北方是否需要新开口岸，而是查核粤海关是否有欺压与贪腐。此案的处理结果是，粤海关监督李永标革职流放，并抄没家产；洪仁辉"在澳门圈禁三年"；曾经帮助过洪仁辉的民人刘亚匾处死。

由于洪仁辉事件引发的震动，两广总督李侍尧处理善后，于1759年12月制定了《防范外夷规条》，得到了乾隆帝的批准。这是清朝第一个全面管制外国商人的章程，共有五条：一、外国商人不准在广州住冬，每年贸易季结束后，立即回国，若有未清事务，可在澳门居住，下年随船回国；二、只许行商与外国商人交易；三、不许内地商人借领外国资本；四、不许内地人向外国商人传送信息；五、派兵对外国商船进行稽查。这个《规条》也非常有名，史称"防夷五事"。

按照清朝原来的规定，外国商人在广州贸易结束后，应随船离开。但这一法令执行得并不严格，许多商人留了下来。到了此时，东印度公司及西方各国商人在广州已经有相对固定的商贸活动，也有相应的组织，相当数量的人员住在广州的商馆（Factory），而不再是过去那种随船贸易的商人。此时根据"防夷五事"的规条，他们不能长期住在广州，也无法长期住在船上，他们只能到澳门来落脚。

这恰恰是澳门的机会。

我们再来看一下此事此时的背景。

澳门本是葡萄牙国际商路的一环，曾经有过相当出色的商业成就。1550—1650年的一百年，是葡萄牙人在远东最为辉煌的时期。随着荷兰、英国在远东的扩张和日本的闭关，澳门的国际贸易下降。大约到了 1690 年，澳门不再是远东重要的国际商贸城市，广州、巴达维亚（雅加达）等地已经取代了它的贸易地位，经济上也处于下降期。1733 年之后，城市的一些官员、军官与士兵时常发不出工资。也有一些有钱的葡萄牙人此时离开澳门另寻机会。

葡萄牙人占据澳门后，只许葡萄牙人与中国人居住，不对其他外国人开放（宗教人士例外）。虽有个别外国人非法进入，但毕竟不能正常进行商业活动。至 1746 年 3 月，葡萄牙王室发文禁止外国人在澳门停留，澳门封闭政策而由此达到了极致。

1757 年 1 月，澳门总督高定玉（Antonio Pereira Coutinho）重申了对外国人的禁令，但开了一个口子，允许外国人路过澳门时，可以为"等交通工具"而暂时停留。是年 2 月，澳门议事会在高定玉在场的情况下，议决允许外国人在澳门暂时居住。此后，议事会又允许外国公司迁入澳门时使用自己原来的商号名称。这些开放政策，都是澳门历史上的重大事件。

澳门的开放，部分是清朝政府的催促，部分是澳门的经济形势使然。当时并没有想到，两年后，即 1759 年，清朝政府会采取极其严厉的措施，即"防夷五事"，迫使住在广州的西方商人做出他们的选择——西方商人只能在贸易季节到广州"商馆"处理商务，而广州"商馆"此时成了一个封闭区域，四周有兵把守，西方各国商人不得出其范围——

在此情况下，西方商人到澳门居住几乎成了唯一的选择。另外两条原因，再次为此加分：一、由于广州当局一直不许外国女性（"夷妇"）进入（这一条执行得特别严格），西方商人的家属只能住到澳门来；二、由于广州当局对外国船员进行了严格的管制，远道来华的船员只能到澳门来消费与休假。1769年，澳门议事会批准租房给外国商人，致使澳门的城市功能发生了根本性改变——原先是一个以商贸为生计的港口城市，现在成了为西方各国商人服务的消费城市，服务业由此兴盛起来，形成了"在广州和加尔各答挣钱，在澳门花钱"特殊模式。随着英国、法国、荷兰、丹麦、瑞典的商行纷纷从广州迁到澳门后，著名的英属东印度公司也在1770年允许其广州大班在贸易季节结束后到澳门居住。

澳门的开放也使其人口结构发生了变化，常住的各国商人和家属人数不断增加，女性的人口超过男性。每年临时来澳的商人与船员数以千计。许多传教士、政治家与军人都将澳门当作进入中国的第一站。澳门扮演着东西方交流中的重要角色。1834年，英属东印度公司的对华贸易垄断权被取消，英国政府派出对华商务监督，清朝广东当局不承认他们的官方地位，这批英国官员也只能住在澳门，而在官船上办公。

就在澳门开放之时，中英贸易发生了变化。当洪仁辉等人北上之时，还是带着银元到宁波等地采买茶叶与生丝。到了18世纪60年代之后，鸦片成为中英贸易的新品种，很快成了主要的品种。由于清朝实行禁烟政策，英属东印度公司和西方各国的来船先将其鸦片陈放在澳门，然后再带合法商品进入广州黄埔。一直到了19世纪20年代，这些鸦片陈放地才改在伶仃洋上的趸船。在此时与此后，澳门还在许多方面扮演过合法与非法的角色。

观察这一段历史，可以看到葡萄牙的衰落与澳门的兴起，两者形成了落差。

1840年，英国对清朝发动了鸦片战争，割占香港，迫使清朝开放五口通商。1843年，上海开埠，西方各国商人可以进入上海、宁波、福州、厦门、广州进行通商，并建立商业机构。从1759年到1843年，清朝实行了八十四年严格的一口通商制度，也就是说，澳门得到了八十四年的机会。即使到了五口通商时期，清朝与法国签订了《黄埔条约》、与美国签订了《望厦条约》，也没有向各国派出常任外交官，外国常任使节也不能进北京。英国驻中国公使兼任香港总督，驻在香港；而法国驻中国的公使和美国驻中国的外交代表，无法在英国国旗下的香港开馆，结果都将使馆设在澳门——就像先前英国驻华商务监督住在澳门一样。一直到1861年，英国、法国与美国的公使才在北京设立使馆。也就是说，法国与美国的公使在澳门驻扎了十多年。

我在这里所说的，并不是一种新的历史发现，而是为学者所熟悉的澳门历史中的事实。在座的吴志良博士和汤开建教授，对这些事件的由来与背景，都有着非常完备的了解。我希望各位向他们两位提出问题，来丰富相关的知识。以上我所依据的主要的论点与材料，来自我的同事北京大学历史系郭卫东教授的研究论文。

我今天在这里提到洪仁辉事件，目的在于说明，澳门作为一个较小的城市，本身并没有特别的资源，外部环境对其十分重要。每一次外部环境的变化，都可能成为澳门生存与发展的契机。洪仁辉事件后的清朝政策，使一个正在走下坡路的澳门，获得了城市重新定位、经济重新振作的长达八十四年的生存机会，逐步成为东方的"蒙特卡罗"（Monte Carlo）。我这里还可以再举日本发动太平洋战争之后的澳门为例——葡萄牙是中立国，使得澳门不像香港那样被日本占领，而是幸运地获得和平，通过其特殊条件得到了相应的发展，并在许多方面支援了中国的抗日战争。

澳门的历史，不止一次地证明了外部环境的重要性；今天的澳门人，只能是不断仔细地观察外部环境，以获得对澳门至关重要的生存与发展机会。

2016 年 6 月 8 日太湖世界文化论坛第四届年会（澳门）"澳门经验：探索文明交融的成功实践"分会发言。刊于《南方周末》2016 年 8 月 11 日

康有为的"大同三世说"

当三联书店的编辑告诉我，这次推广会放在北京大学时，我心中怦然一动。我离开北大刚好十年。当年在北大时，对北大的景物关注度不够。有一年，我在东京，早稻田大学的一位女教授对我说，很怀念北大二院（历史系）的紫藤，我听了很诧异，回来后才看到二院的紫藤花盛开。

今年是戊戌年，戊戌变法两个甲子，北京大学是变法的产物，也就是北大的一百二十周年。再过两个星期，6月11日，正是"百日维新"的起始日。离开北大之后，再回北大讲戊戌，感觉上是有点奇特，当然这也只是巧合而已。

问题的发生

康有为的"大同三世说"，是我最近讲得比较多的题目，是近几年最为关注者。我写了几篇非常学术性的论文，字数加起来大约有三十万字，十分繁琐。我在这里尽可能讲得不那么学术，尽可能简要明白一些。

大约在五年前（2013年），我准备写一篇关于康有为戊戌时期政治思想与政策设计的论文。这项研究的起因是，既然台北的史语所研究员黄彰健院士已经证明康有为的《戊戌奏稿》作伪，既然中国人民大学孔祥吉教授等人已经发现《杰士上书汇录》和许多康有为的原始奏折（其中一部分是代他人所拟的），称戊戌变法是"君主立宪式的改良主义运动"，失去了基本史料根据，那么，戊戌变法的性质究竟是什么？我想以可靠的档案与文献为基础，重新梳理一遍，得出新的结论来。为此，我制定了一个计划，申请了一个项目，准备用一年半的时间，写一篇五至十万字长篇论文。我得到了一笔小的资金支持。

可是，我的研究进行没多久，就卡壳了。我遇到了两个难题。

一、1898年（戊戌）之前，康有为完成了两部重要的著作《新学伪经考》《孔子改制考》。这两部书的主要内容是：儒家的《六经》皆存世，即"今文经"，秦始皇并未焚尽；所谓"古文经"，皆是伪经，是西汉时领校"中秘书"（皇家藏书）的官员刘歆所伪造，目的是为王莽的"新朝"服务。此即"新学伪经说"。中国的早期历史"茫昧无稽"，尧、舜、文王等"文教之盛"，皆是孔子"托古"的创造，其目的是以民间"素王"身份来"改制立教"。不仅《春秋》为孔子所创，《诗》《书》《礼》（《仪礼》）《乐》《易》，也都是孔子自我创造出来的。此即"孔子改制说"。

"新学伪经说""孔子改制说"虽然非常大胆、也非常极端——按照康有为的说法，古文经是刘歆伪造的，服务于"新朝"，今文经是孔子创造的，以能"改制"；中国的传统经典皆是孔子和刘歆两人伪造出来的，中国的早期历史也是由他们两人伪造出来的——但若从学术思想与政治思想来看，两说皆是思考与探索的过程，而非为最终的结论。用今天的说法，属于"中期研究成果"。如果仅仅用"新学伪经说""孔子改制说"去解释当时的康有为，那么，他只是一个比廖平更极端的学者，不会那么热衷于政治活动：不会去自办万木草堂，不会去自办各类报刊，如《强学报》《时务报》《知新报》，不会到广西去讲学，也没有必要去办强学会、圣学会、保国会之类的政治性组织，更没有必要再三再四地给光绪帝上书。他当时的政治思想与政治目标究竟是什么？

二、从康有为在戊戌时期所上奏折来看，向光绪帝提出的政策设计大体上是西方式的，或用西方的历史来说事。但从康有为的著述来看，如前面提到的《新学伪经考》《孔子改制考》，从康有为的讲学内容来看，如《长兴学记》《桂学问答》和上世纪八十年代发现的万木草堂门生笔记，却很少有西方思想与制度的内容，基本上都是中国传统的思想，相当多的部分属经学。他的著述中最接近西方的，是《实理公法全书》，谈的是人的权利与民主制度，但其根据也不是西方思想与制度，而是西方数学中的"几何公理"。1891年，康有为与广东大儒朱一新有一场论争，康在信中说：

> ……缘学者不知西学，则愚暗而不达时变；稍知西学，则尊奉太过，而化为西人。故仆以为必有宋学义理之体，而讲西学政艺之用，然后收其用也。故仆课门人，以身心义理为先，待其将成学，然后许其读西书也。然此为当时也，非仆今学也。（《答朱蓉生书》）

"必有宋学义理之体，而讲西学政艺之用"，这是我看到的最早的语辞比较明确的"中体西用"说，不仅早于孙家鼐（见其奏折，1897），更早于张之洞（《劝学篇》，1898）。

康有为是戊戌变法的主要推动者，戊戌变法的基本方向是西方化的，但这个推动者却不太懂得西方的思想与制度。他不懂任何一门外国语，也没有去过外国，他能得到的外部资料主要是江南制造局等机构、西方传教士等人翻译的西书，其中以声光化电、机器制造为主，关于西方思想、制度、经济与社会学说的书籍极其有限。他可能也看过一些日本译书，从目前的研究来看，若真读书，数量也是相当有限的，且有用中国经典来解读的自我理解。

如果从更宽泛的角度来看，上面说的两个问题，实际是一个问题：康有为又是如何用特殊的中学知识（"新学伪经""孔子改制"）与有限的西学知识来推动中国的改革？

如果再深入一步，又可提出这样的问题：康有为作为一名晚近的进士，其官位仅是工部候补主事，在京城地面中尽管大声说话，也无人听得见。他能进入政治舞台的中心，纯属偶然，不是由他来决定的。如果不能进入政治舞台的话，他的政治抱负又是什么呢？

我由此被卡住了，研究进入了瓶颈。2015 年 7 月，我到京都住了一个月，试图开展一点思路，结果毫无效果。历史学是以史料为基础的，没有史料的突破，思路又有什么意义呢？历史学是不那么浪漫的。

恰在这个时候，我发现了梁启超《变法通议》的进呈本（现存于北京故宫博物院图书馆），便转过头来研究梁启超的著述。正是在梁的著述中，我看到了光明——康有为在戊戌时期的"大同三世说"。

《大同书》的写作时间：康有为与梁启超的说法

康有为无疑是 19 世纪末、20 世纪初最伟大的中国人之一，最重要的政治功绩是 1898 年的戊戌变法，但他也给历史学家留下不小的麻烦。他指责刘歆造假，赞扬孔子创造，他自己的文献也有作伪之处。前面提到的《戊戌奏稿》，就是典型的一例。

康有为的另一大作伪是在《大同书》写作时期上"倒填日期"。1919 年，康写《〈大同书〉题辞》中称：

　　　　　　　　历史的叙述方式

> 吾年二十七，当光绪甲申，清兵震羊城，吾避兵，居西樵山北、银塘乡之七桧园澹如楼，感国难，哀民生，著《大同书》……

"甲申"，1884年，是年有中法战争。康在《大同书》绪言中，也有相同的说法："吾地二十六周于日有余矣"。对此，上海社会科学院历史研究所的汤志钧教授已证明其伪，说明该书是康有为在南洋槟榔屿、印度大吉岭时写的，以后屡有修改。由于汤志钧教授的这一贡献，学术界大多不再将"大同"作为康有为戊戌时期的政治思想。

比较有意思的是康有为头号门生梁启超的说法。1901年，梁启超《清议报》第100册发表《南海康先生传》，称言：

> 先生之治春秋也，首发明改制之义……次则论三世之义。春秋之例，分十二公为三世，有据乱世，有升平世，有太平世。据乱升平，亦谓之小康，太平亦谓之大同，其义与《礼运》所传相表里焉。小康为国别主义，大同为世界主义；小康为督制主义，大同为平等主义。凡世界非经过小康之级，则不能进至大同，而既经过小康之级，又不可以不进至大同。孔子立小康义以治现在之世界，立大同义以治将来之世界，所谓"六通四辟，小大精粗，其运无乎不在也"。小康之义，门弟子皆受

之。……大同之学，门弟子受之者盖寡。……先生乃著
《春秋三世义》《大同学说》等书，以发明孔子之真意。[1]

按照这个说法，康有为已著《春秋三世义》《大同学说》等
书，并将之传授给梁启超等少数门生。1911年，梁启超出
版由其亲笔抄写的《南海康先生诗集》，在《〈大同书〉成题
词》后作了一个注：

> 启超谨案：先生演《礼运》大同之义，始终其条
> 理，折衷群圣，立为教说，以拯浊世。二十年前，略授
> 口说于门弟子。辛丑（1901）、壬寅间（1902）间避居印
> 度，乃著为成书。启超屡乞付印，先生以为方今为国竞
> 之世，未许也。

这个说法与前说有了不同。"二十年前"为1891年，梁
启超刚刚入门，只是"略授口说"，"著为成书"的时间是
1901—1902年。这也是汤志钧教授推翻"1884年说"的主
要证据。"国竞之世"，指国家间的竞争，不可能进入"大
同"（参见本书《康有为与"进化论"》）。1921年，梁启超
出版《清代学术概论》，称言：

---

1 "六辟四通"一句，见于《庄子·天下》。

……有为以《春秋》"三世"之义说《礼运》，谓"升平世"为"小康"，"太平世"为"大同"。……有为虽著此书，然秘不以示人，亦从不以此义教学者，谓今方为"据乱"之世，只能言小康，不能言大同，言则陷天下于洪水猛兽。其弟子最初得读此书者，惟陈千秋、梁启超，读则大乐，锐意欲宣传其一部分。有为弗善也，而亦不能禁其所为，后此万木草堂学徒多言大同矣。而有为始终谓当以小康之义救今世，对于政治问题、对于社会道德问题，皆以维持旧状为职志……启超屡请印布其《大同书》，久不许，卒乃印诸《不忍杂志》中，仅三之一，杂志停版，竟不继印。

梁启超又称其在万木草堂已经读到了康"秘不示人"的著书。三个时间，三个说法，如果相信梁启超的说法都是真的，比较合理的解释是：一、康有为已将"大同学说"的部分内容传授给梁启超；二、康在戊戌时已有著书，如梁先前所说的《春秋三世义》《大同学说》，但绝不是后来我们看到的《大同书》。

"大同三世说"的主要内容

汤志钧教授证明了《大同书》是康有为在槟榔屿、大吉岭时所写的，但他同时认为戊戌时康已经形成了"大同三世说"，主要证据是《春秋董氏学》《孔子改制考》和《〈礼运〉注》。《〈礼运〉注》的成书年代也有点问题，现有的证据说明，该书也是康在大吉岭时期完成的。

由此再来检视《孔子改制考》《春秋董氏学》，康有为确实提到了"大同三世说"，但十分简略。我这里举两个例子。在《孔子改制考》中，康有为称：

> 尧、舜为民主，为太平世，为人道之至，儒者举以为极者也……孔子拨乱升平，托文王以行君主之仁政，尤注意太平，托尧、舜以行民主之太平……借仇家之口以明事实，可知"六经"中之尧、舜、文王，皆孔子民主、君主之所寄托……《春秋》始于文王，终于尧、舜。盖拨乱之治为文王，太平之治为尧、舜，孔子之圣意，改制之大义，《公羊》所传微言之第一义也。

在万木草堂讲学时，康有为称"尧、舜如今之滇、黔土司头人也"，又称"尧、舜皆孔子创议"。（黎祖健：《万木草堂口说》）此处说"尧、舜为民主，为太平世"，即孔子创造出尧、舜，圣意在于"太平之治"；孔子又创造出文王，是为"拨乱之治"，"以行君主之仁政"。以"孔子改制"讲"大同三世"，这里面的意思，若不加解释，不易察觉。我仔细查看《孔子改制考》，与"大同三世说"相关的内容，仅仅找到六条。在《春秋董氏学》中，康有为称：

> 三世为孔子非常大义，托之《春秋》以明之。所传
> 闻世为据乱，所闻世托升平，所见世托太平。乱世者，
> 文教未明也。升平者，渐有文教，小康也。太平者，大
> 同之世，"远近大小如一"，文教全备也。大义多属小康，
> 微言多属太平。[1]

康的这一说法，是对《公羊》派"三科九旨"的扩展，加上
《礼运篇》中"小康""大同"的内容。我仔细查看《春秋董
氏学》，与"大同三世说"相关的内容，仅仅找到五条。《孔
子改制考》《春秋董氏学》讲的是"孔子改制"的内容，"大
同三世说"不是两书的主题。若不是特别的挑选，这十一条
内容，稍不注意就可能放过去了，且仅看此十一条内容亦难
窥全豹。

康有为的"大同三世说"，是对人类社会发展进程的一
种普世性解说。按照康的说法，这一学说是由孔子创造，口
传其弟子，藏于儒家诸经典和相关史传之中，主要是《春
秋》及《公羊传》、《礼记》（尤其是《礼运篇》《中庸篇》和
《大学篇》）、《易》、《孟子》、《论语》等文献，以留待"后
圣"之发现。泰西各国对此学说亦有所体会，亦有所施行。

从 1900 年夏天起，康有为先后旅居南洋槟榔屿、印
度大吉岭，至 1903 年春夏之交时才离开。在此两年多中，

---

1 "远近大小如一"，见于何休《春秋公羊传解诂》隐公元年。

他遍注群经——《〈礼运〉注》《〈孟子〉微》《〈中庸〉注》《〈春秋〉笔削大义微言考》《〈论语〉注》《〈大学〉注》等，由此完成其"大同三世说"的著述。

如果用最为简约的语言来说明"大同三世说"的基本概念，可谓：一、据乱世，多君世，尚无文明；二、升平世，一君世，小康之道，行礼运，削臣权；三、太平世，民主世，大同之道，行仁运，削君权。"大同"虽是孔子创造出来的理想世界，但其时不可行，只能以"小康"来治世，只能待之于后人来实现。对此，康在《〈礼运〉注》中称言：

> 孔子以大同之道不行，乃至夏、殷、周三代之道皆无征而可伤。小康亦不可得，生民不被其泽，久积于心乃触绪大发，而生哀也。孔子于民主之治，祖述尧、舜，君主之治，宪章文、武……其志虽在大同，而其事祇在小康也。

需要注意的是，康有为在槟榔屿、大吉岭精心著述时，阅历与见识已经有了较大的变化。戊戌政变的前一天，1898年9月20日，康离开北京南下，在上海由英国军舰接往香港，然后去了日本、美国、英国、加拿大和新加坡。从思想史的角度来分析，戊戌前后康的"大同三世说"思想可以作为一个整体来看待，可以不加严格区别；但从政治史的角度来看，若不加以严格的区别，会有致命的缺陷——我的目的原本是要证明戊戌变法的性质，由此来查证戊戌时康有为的政治思想；若以康在槟榔屿、大吉岭时期（即戊戌之后）的著述，来说明戊戌时康有为思想，是不可能精确、不可能具有说服力的。也就是说，除了《孔子改制考》《春秋董氏学》中十一条内容外，我找不到更多的 1898 年 9 月之前的材料，来说明戊戌时期康有为"大同三世说"的具体内容。

我就在这个关键点上被卡住了。

由梁渡康

前面提到，梁启超在 1901、1911、1921 年三次著述中谈到康有为的"大同学说"，说法不尽相同，但有一点是相同的，康在万木草堂向梁传授过"大同学"。从梁入学时间来看，应在 1891—1896 年，即光绪十七年到二十二年，梁为 18—23 周岁。康的思想有没有影响到梁呢？

前面提到，我因发现梁启超《变法通议》进呈本，开始集中阅读梁启超的著述，其中绝大部分是再次阅读。由于阅读时的立场与思路有了很大的变化，我从梁的许多著述中都看到了"大同三世说"，尤其是《论君政民政相嬗之理》和《湖南时务学堂初集》。

1896 年 11 月，梁启超在《时务报》上发表《古议院考》，说明中国古代就有议院的思想，甚至有相当于议院的制度，结果受到了严复来信的严厉批评。梁给严回了一信，用"大同三世说"的思想来自我辩护，并提出了反批评。年轻的梁启超（24周岁），意气风发，仅仅回信尚觉不满足，又在1897年10月在《时务报》第41册上发表《论君政民政相嬗之理》，将与严复的讨论公开化。该文起首便直接、明确地阐述康有为的"大同三世说"：

> 博矣哉!《春秋》张三世之义也。治天下者有三世：一曰多君为政之世，二曰一君为政之世，三曰民为政之世。多君世之别又有二：一曰酋长之世，二曰封建及世卿之世。一君世之别又有二：一曰君主之世，二曰君民共主之世。民政世之别亦有二：一曰有总统之世，二曰无总统之世。多君者，据乱世之政也；一君者，升平世之政也；民者，太平世之政也。此三世六别者，与地球始有人类以来之年限有相关之理。未及其世，不能躐之；既及其世，不能阏之。

这是"大同三世说"在报刊上第一次完整的表述，梁启超将之分为"三世六别"。在批判了多君世的罪恶后，梁称从多君世转为一君世是孔子的贡献：

> 孔子作《春秋》，将以救民也，故立为"大一统""讥世卿"二义。此二者，所以变多君而为一君也。变多君而为一君，谓之"小康"。

梁启超继续指出，"三世"是各国必经之路，中西之间并无区别，并不以其是否有议院的"胚胎"而致道路之不同（严复来信中的观点）：

> ……凡由多君之政而入民政者，其间必经一君之政，乃始克达。所异者，西人则多君之运长，一君之运短；中国则多君之运短，一君之运长（此专就三千年内言之）。至其自今以往，同归民政，所谓及其成功一也。此犹佛法之有顿有渐，而同一法门。若夫吾中土奉一君之制，而使二千年来杀机寡于西国者，则小康之功德无算也。此孔子立三世之微意也。

一君之政即为"小康"，中国的前途与"西人"一样，是"同归民政"（民主）。在该文的最后，梁启超谈到了世界的前途：

> 问今日之美国、法国，可为太平矣乎，曰恶，恶可！今日之天下，自美、法等国言之，则可谓民政之世；自中、俄、英、日等国而言，则可谓为一君之世；然合全局而言，则仍为多君之世而已。各私其国，各私其种，各私其土，各私其物，各私其工，各私其商，各私其财。度支之额，半充养兵，举国之民，悉隶行伍。耽耽相视，龋龋相仇，龙蛇起陆，杀机方长，螳雀互寻，冤

> 亲谁问？呜呼！五洲万国，直一大酋长之世界焉耳！《春秋》曰："末不亦乐乎尧、舜之知君子也？"《易》曰："见群龙无首，吉。"其殆为千百年以后之天下言之哉？

梁启超对仅仅只有美国、法国实行总统制（民政世）是不满足的，若从世界的眼光来看，仍是"多君之世"，"直一大酋长之世界焉耳"。他那指责现实的笔法——"各私其国""耽耽相视"——暗地里却描绘着那个无总统、无国家、无战争、无私产的"天下为公""不独亲其亲"的未来画面，真正的"大同"是世界性、全球性的。"末不亦乐乎尧、舜之知君子也"一句，典出于《春秋公羊传》最后一句："……末不亦乐乎尧、舜之知君子也？制《春秋》之意以俟后圣，以君子之为亦有乐乎此也。"（康也很爱引用，见后）梁暗暗自诩他们这个以康为导师的小群体是能真正解读《春秋》微言中所含"大同之意"的"后圣"。"见群龙无首"一句，典出于《易·乾卦》："用九，见群龙无首，吉。"梁将之解释为"大同三世说"中最高阶段——民政世（太平）之"无总统之世"。

就在这篇文章发表后不久，梁启超去了长沙，担任湖南时务学堂中文总教习，康门弟子韩文举、叶湘南、欧榘甲担任分教习。

康门弟子掌握的湖南时务学堂，所授内容不是一般的"时务"，而是"康学"。梁启超为此制定了《学约》，并写了阅读指导性的《读〈孟子〉界说》《读〈春秋〉界说》。时务学堂学生每天要读规定书目，主要是《孟子》和《春秋公羊传》，若有问题则提出，由教习予以答复，若有心得则写下来，即"札记"，由教习加以批语。时务学堂内部材料虽不能全见，但在1898年春，已将梁启超的《学约》、《界说》、学生与教习的问答（部分）、学生的札记与教习的批语（部分）合刊了一部书，共四卷，名为《湖南时务学堂初集》，今存世不多。我读到《湖南时务学堂初集》时，非常兴奋。梁启超在时务学堂中大力宣传"新学伪经说"、"孔子改制说"和"大同三世说"。

《湖南时务学堂初集》中涉及"大同三世说"的地方非常多，我这里因时间关系只能举一个例子。湖南时务学堂学生李炳寰以《孟子》中"仁义"一义作札记，推及世界"大同"，梁启超作批语称：

> 说得极好。利梁一国而天下不收其利六语，非通乎《孟子》者不能通。故吾常言，以小康之道治一国，以大同之道治天下也。故我辈今日立志，当两义并举。目前则以小康之道先救中国，他日则以大同之道兼救全球。救全球者，仁之极也。救全球而必先从中国起点者，义也。"仁者人也，义者我也。"大同近于仁，小康近于义。然言大同者固不能不言义，言小康者固不能不言仁。韩先生因汝问大同条理，而以"本诸身，征诸庶民"答者，

正明以义辅仁之旨。由身以推诸民，由中国以推诸地球，一也。故今日亦先从强中国下手而已。至所谓大同之道与大同之法，五百年以内，必遍行于地球。南海先生穷思竭虑，渊渊入微以思之，其条理极详，至纤至悉，大约西人今日所行者十之一二，未行者十之八九。鄙人等侍先生数年，尚未能悉闻其说，非故秘之不告也。先生以为学者之于学也，必须穷思力索，触类旁通，自修自证，然后其所得始真。故事事皆略发其端，而令鄙人等熟思以对也。今鄙人与诸君言，亦如是而已，将以发心灵、瀹脑气，使事事皆从心得而来耳。不然，亦何必吞吐其辞乎？诸君幸勿误会此意。若欲有所凭藉，以为思索之基，先读西人富国学之书及《佐治刍言》等，以略增见地，再将《礼运》"大道之行也"一节熟读精思，一字不放过，亦可略得其概。至所云起点之处，西人之息兵会等，亦其一端也。（《湖南时务学堂初集》，第2册，《礼记》卷一）[1]

师生所言的内容，皆是"大同三世说"。梁启超仍是从"仁、义"出发，谈到了大同、小康。他没有直接回答问题，只

---

1 "仁者人也，义者我也"，其义可见于《礼记·中庸》，具体文字又见于董仲舒《春秋繁露·仁义法第二十九》。"本诸身，征诸庶民"，见于《礼记·中庸》。

是宣称康有为对"救全球"的大同道、法，已经穷思竭虑，条理极详，西方各国目前对康有为所思之条理，已实行者一二，未实行者八九，要求李炳寰通过自修来自证。"富国学之书"，大约是指《富国策》，与《佐治刍言》皆是西方政治经济学著作。梁让李炳寰以此为基础，再"熟读精思"《礼运篇》中"大同"一段：

> 大道之行也，天下为公，选贤与能，讲信修睦。故人不独亲其亲，不独子其子，使老有所终，壮有所用，幼有所长，矜寡孤独废疾者，皆有所养；男有分，女有归；货恶其弃于地也，不必藏于己；力恶其不出于身也，不必为己。是故谋闭而不兴，盗窃乱贼而不作，故户外而不闭，是谓大同。

这一段话，正是"大同三世说"的核心内容。李炳寰若"一字不放过"地"穷思力索，触类旁通"，所得出的结论只能是，西方学术为"大同三世说"提供了佐证，这正是梁启超希望得到的教学效果。

由梁渡康，恰好合璧。

康门其他弟子的言说和梁鼎芬的评论

梁启超在《清代学术概论》中还谈到："其弟子最初得读此书者，惟陈千秋、梁启超，读则大乐，锐意欲宣传其一部分。有为弗善也，而亦不能禁其所为，后此万木草堂学徒多言大同矣。"也就是说，除了已经去世的陈千秋和大肆宣传的梁启超外，康有为的其他弟子对"大同三世说"也有所了解，"多言大同"。

康门弟子的著述，大多尚未整理编集，但康门弟子在《知新报》和《时务报》上发表了许多政论文章。为了验证梁启超的说法，我将《知新报》《时务报》重读一遍：康门弟子九人（不包括梁）在《知新报》发表了58篇政论文，康门弟子三人（不包括梁）又在《时务报》发表了9篇政论文；有些是类似梁启超《变法通议》那样的大文章，多期连载。也就在这些文章中，我又看到了忽隐忽现的"大同三世说"的痕迹。

我这里举两个例子。

其一是康有为的大弟子徐勤，其在康门的地位，仅次于陈千秋、梁启超。他在《知新报》上发表《地球大势公论》，称言：

> ……故天下之势，始于散而终于合，始于塞而终于通，始于争而终于让，始于愚而终于智，始于异而终于同。古今远矣，中外广矣，要而论之，其变有三：
>
> 洪水以前，鸟兽相迫，昆仑地顶，人类自出。黄帝之子孙，散居于中土；亚当之种族，漫衍于欧东。创文字，作衣冠，立君臣，重世爵。由大鸟大兽之世，而变

为土司之世。其变一。

　　周秦之世，地运顿变，动力大作。争夺相杀，而民贼之徒偏于时；兼弱攻昧，而强有力者尊于上。嬴政无道，驱黔首以为囚；罗马暴兴，合欧西而一统。由土司之世，而变为君主之世。其变二。

　　百余年间，智学竟开，万国杂沓。盛华顿（华盛顿）出，而民主之义定；拿破仑兴，而君主之运衰；巴力门（parliament，议会）立，而小民之权重。由君主之世，而变为民主之世。其变三。

　　故结地球之旧俗者，亚洲也；开地球之新化者，欧洲也；成地球之美法者，美洲也。（《地球大势公论·总序》，《知新报》第2册）

　　"大同三世说"反映的是世界的变局，徐勤的着眼点也是世界的。他没有用"据乱""升平""大同"之词语，而代以"酋长""君主""民主"之三变。"洪水""地顶""地运""动力"也是康有为讲学时使用过的概念。

　　其二是康有为的弟子刘桢麟。他在康门中的地位不高，但在《知新报》的金主、澳门赌商何连旺家中授馆课其子。康门弟子中，他在《知新报》发表的文章最多。其文《地运趋于亚东说》连载于《知新报》第7、8册，多处涉及"大同三世说"。在该文结尾，他呼唤着"大同世界"的到来：

呜呼！尝闻之南海先生之言矣：世界之公理，由力而趋于智，由智而趋于仁。上古千年，力之世也；中古千年，智之世也；后古千年，仁之世也。力之世，治据乱；智之世，治太平；仁之世，治大同。今其智之萌芽乎，夫大地万国，寐觉已开，中土蚩氓，蒙翳渐辟，远识之士，竞驰新学之途，杞忧之儒，群倡开化之术。吸吁所接，或有动于当途；阖辟所关，即不朽之巨业。匪一隅之偏局，实万国之同风。乘朕兆已萌之后，为有开必先之举。将岂徒一国、一洲蒙靡穷之利赖欤，其将以是期之百千年后，凡我圆颅方趾之伦——黄人、白人、红人、黑人、棕色人、半黄半白淡黑人、不可思议之诸色人——咸被此靡穷之利赖焉，而为智、为仁之世界，均于是起点也，而又何东、西之有耶，而又何趋、变之有耶？

刘桢麟清楚说明了前、中、后三世，分别崇尚力量、智慧和仁爱。他将"小康"误说为"太平"。他认为，当今"智"已"萌芽"，其后的发展趋势将不可抵挡；当此"朕兆已萌"，"百千年后"，人类（即"圆颅方趾之伦"）将不分国家、不分洲别、不分肤色，共同经由"为智"而进入"为仁"的世界。到了那个时候，东、西可不必分，趋、变可不必论。这是康有为及其党人所认定的"世界之公理""不朽之巨业"。

康门其他弟子，关于"大同三世说"的言论还有许多，但若从总体来看，所言"大同三世说"只占其全部著述的较小篇幅，其深度远远比不上梁启超。既然公开刊刻的《孔子改制考》《春秋董氏学》中都有"大同三世说"的内容，康有为也没有必要在万木草堂保密不说，只是所说的内容与深度，要远远少于其对陈千秋、梁启超之传授。

康有为的同乡、昔日好友梁鼎芬，时任张之洞的大幕僚，戊戌变法期间与康决裂。在康逃亡日本后，他以"中国士民公启"之名，作《康有为事实》，由张之洞交给来访的日本驻上海代理总领事小田切万寿之助，以能让日本驱逐康。其第三条称：

> 康有为之教，尤有邪淫奇谬、不可思议者，其宗旨以"大同"二字为主（其徒所设之局、所立之学，皆以"大同"为名），创为化三界之说：一化各国之界。谓世间并无君臣之义，此国人民与彼国人民一样，古人所谓忠臣、义士，皆是多事。一化贫富之界。富人之财皆当贫人公用，此乃袭外国均贫富党之谬说、小说戏剧中强盗打富济贫之鄙语。一化男女之界。谓世界不必立夫妇之名，室家男妇皆可通用。将来康教大行后，拟将天下妇女聚在各处公所，任人前往淫乱。生有子女，即筹公款养之，长成以后，更不知父子兄弟为何事。数十年后，五伦全然废绝，是之谓"大同"（少年无行子弟，喜从康教者，大率皆为此为秘密法所误也）。其昏狂黩乱，

至于此极，乃白莲教所不忍言，哥老会所不屑为。总之，化三界之说，一则诲叛，一则诲盗，一则诲淫。以此为教，不特为神人所怒，且将为魔鬼所笑矣。或疑此条所谈太无人理，康教何至于此？不知此乃康学秘传，语语有据，试问之康徒便知。若有一言虚诬，天地鬼神，实照鉴之。（见《日本外交文书》，第31卷，第1册，有校正）

梁鼎芬又从何处得知康有为此类"秘传"的"大同"思想？他赌咒发誓称"语语有据"，很可能得自于"康徒"。就"化三界"而言，对照此期梁启超及康门弟子在《时务报》《知新报》和时务学堂中的言说，"一化各国之界"可以成立；对照康有为先前和后来所著的《实理公法全书》《〈礼运〉注》《大同书》及梁启超在《清议报》上发表的《南海康先生传》，"一化贫富之界"可以成立；对照康后来所著的《〈礼运〉注》《大同书》，"一化男女之界"也有部分内容可以成立，只是称康门弟子"为秘密法所误"，当属梁鼎芬并无根据的诬词。

从康有为在《孔子改制考》等书中的简说，到梁启超的多种著述，再到康门其他弟子的言说以及康政敌的评论——除梁鼎芬的评论外，所有的材料都是1898年6月（"百日维新"起始时）之前的——由此可以清楚地看出，康在戊戌时确有"大同三世说"的思想。

当我将相关的论文写完，时间已过了五年。我才完成了证明的过程。

创制立教

对康有为来说，从"新学伪经说"到"孔子改制说"，是一个思考的过程，其最终的结论，应当是"大同三世说"。从"大同三世说"再到《大同书》，是康有为思想发展的又一个新阶段。两者之间的连接性是比较明显的，而两者之间的最大差别在于：康不再宣称该学说由孔子原创，藏于经、传、史等典籍之中，是他通过"微言"而发现的"大义"；而是自由奔放地直接说明他对未来社会的设计，那种历史命定论的色彩也有所淡化。

"新学伪经说""孔子改制说""大同三世说"皆是学理，不太可能直接运用于政治。康有为虽然有参与高层政治的企图，但他唯一的办法是上书。通过上书获得皇帝青睐的概率是很低的，而"新学伪经说""孔子改制说""大同三世说"这类学理在高层政治是不可能通过的，尤其是"大同三世说"，其目标是改皇帝为民主（民选统治者），最终要消亡国家，以实现世界大同。清朝的皇帝又怎么可能对此认同呢？

康有为创造这些学理，目的是"创制立教"。在万木草堂，他对其门徒直白地说：

> 孔子谓："书不尽言，言不尽意"，然则圣人之意其

康有为（1858—1927）

可得见乎? 书者, 六经也; 言者, 口说也; 意者, 圣人
所未著之经, 未传诸口说者也。然则, 圣人之意一层,
犹待今日学者推补之。(黎祖健:《万木草堂口说》)[1]

康多次说明, 孔子最重要的著作是《春秋》和《易》。《春
秋》记事, 其主旨不在事而在于义, 其义理由孔子口说而
由弟子相传,《公羊》是最主要的一支; 但《春秋》中的许
多义理,《公羊》未能明, 甚至董仲舒、何休都未有解。至

---

1 "书不尽言" 一句, 见于《易·系辞上》。

于《易》，全是义理。此即"犹待今日学者推补之"。康此处所称"今日学者"，即康本人。这种不见于经、传，甚至不见于董说何注的孔子思想，可以说是康的自我理解、自我体会，也可以说是康的自我发挥。康可以将其思想附托孔子的名下，"托孔改制"。他又对其门徒说：

> 地球数千年来，凡二大变，一为春秋时，一为今时，皆人才蔚起，创制立教。（张伯桢:《康南海先生讲学记》）

此处的"春秋时"主要是指孔子，而"今时"又可见康的自期，他要仿效孔子"创制立教"。康常引用《中庸》"百世以俟圣人而不惑"、《公羊传》"制春秋之义以俟后圣"，颇有自许之意。（见《〈中庸〉注》《〈孟子〉微》）康还在《孔子改制考》的序言中称：

> 天哀生民，默牖其明，白日流光，焕炳莹晶。予小子梦执礼器而西行，乃睹此广乐钧天，复见宗庙百官之美富……

他的这些话讲得很明白，他是受命于天的。

当时的文士章太炎，对康有为创制立教的设想有所揭示。1897 年，他在写给老师谭献的信中称："康党诸大贤，以长素为教皇，又目为南海圣人，谓不及十年，当有符命。"

他在《自订年谱》称：1897年"春时在上海，梁卓如等倡言孔教，余甚非之"。冯自由后来记录章太炎对梁鼎芬的谈话称："只闻康欲作教主，未闻欲作皇帝。实则人有帝王思想，本不足异；惟欲作教主，则未免想入非非。"（《中华民国开国前革命史》）而梁鼎芬在前面谈到的《康有为事实》中又称：

> 康有为羡慕泰西罗马教王之尊贵，意欲自为教王，因创立一教，谓合孔教、佛教、耶苏、希腊教四教而为一，自命为创教之圣人，其徒皆以圣人称之。其徒党有能推衍其说者，则许为通天人之故，闻者齿冷。康所著书内有《孔子为改制之王考》一卷（上海有刻本），称孔子为教王，讽其徒谓康学直接孔子，康即今之教王也。

梁鼎芬的说法相当肯定。即便从康有为这方面的材料来看，也是相当清楚的。他在《孔子改制考》一书起首便称：

> 天既哀大地生人之多艰，黑帝乃降精而救民患，为神明，为圣王，为万世作师，为民作保，为大地教主。生于乱世，乃据乱而立三世之法，而垂精太平，乃因其所生之国，而立三界之义，而注意于大地远近大小若一之大一统。

其中"黑帝乃降精"，见《春秋演孔图》，属纬书，称孔子的母亲在梦中与黑帝相交而生孔子。康引纬书言"黑帝降精"，否认孔子的人间生父，有意模仿基督教的"圣诞说"。康办《强学报》，用的是孔子纪年；又命梁启超在《时务报》上也用孔子纪年，梁因阻力太大而未能办到。这也是模仿基督教的。百日维新期间，康有为上奏光绪帝，要求建立孔教会。

根据《孔子改制考》，孔子"创制立教"的工作主要是两项：一是创制经典，二是传教于门徒。《新学伪经考》《孔子改制考》，再加上"大同三世说"，"小康""大同"之制，经典的创制已初步完成。康主持的万木草堂，已有相当规模，其门徒张伯桢称："同学凡百余人。"（《康南海先生讲学记》）康又到广西去讲学，梁启超等人去湖南主办时务学堂，亦可视之为"传教"。

根据《孔子改制考》，从春秋到汉武帝独尊儒术，即孔子创制立教至改制成功，经历了数百年的时间，并规范了"百世之后"的政教礼仪。基督以十二使徒传教于天下，孔门有十哲七十二贤人，都不是一代人的事业。康此时若真心有意于"创制立教"，也不会太注重于当下。大约在1897年春，梁启超在上海写信给康有为：

……尚有一法于此，我辈以教为主，国之存亡，于教无与。或一切不问，专以讲学、授徒为事。俟吾党俱有成就之后，乃始出而传教，是亦一道也。弟子自思所学未足，大有入山数年之志，但一切已办之事，又未能抛撇耳。近学算、读史，又读内典（读小乘经得旧教颇多，又读律、论），所见似视畴昔有进，归依佛法，甚至窃见吾教太平大同之学，皆婆罗门旧教所有、佛吐弃不屑道者，觉平生所学失所凭依，奈何。(《觉迷要录》，录四)

梁此中谈到的"教"，是超越国家的，即"国之存亡，于教无与"，说的就是"大同三世说"。梁让康"专以讲学、授徒"，当万木草堂学生学成后，出而传"大同三世说"之教。梁对其掌握的"教"义仍不满足，想通过"入山数年"以补足。梁又通过数学、历史和佛教经典的学习，自觉"归依佛法"，甚至对"吾教太平大同之学"一度产生怀疑，觉得"所学失所凭依"。梁的这一封信，是戊戌政变后从康有为家中抄出来的。内容大体相近的梁信，还有一封。

康有为"创制立教"，是想当教主；当然，如果有可能，也想当帝师。今天的人们看到了历史的结局，他没有当成教主，也没有当成帝师，而是在戊戌变法的高潮期当了光绪帝的重要谋士。由此再来看看他自己的说法。1898年冬，康在日本写《我史》，这是他第一部人生总结，也正处在人生的低谷期。康称，百日维新的关键时刻，其弟康广仁劝其"不如归去"，回乡授学，用康广仁的话来言其志：

　　伯兄生平言教，以救地球，区区中国，杀身无益。

根据梁启超在湖南时务学堂的批语："目前则以小康之道先

救中国，他日则以大同之道兼救全球"，康的志向不仅仅是
"救中国"，而在于"救地球"。康又称，戊戌政变前他从北京
到天津、烟台至上海，一路上多次逢救。大难不死，必有其因：

> ……凡此十一死，得救其一二，亦无所济。而曲线
> 巧奇，曲曲生之，留吾身以有待来兹。中国不亡，而大
> 道未绝耶？"聚散成毁，皆客感客形"，深阅死生，顺
> 天俟命，但行吾"不忍"之心，以救此方民耳……此
> 四十年乎，当地球文明之运、中外相通之时，诸教并出，
> 新理大发之日，吾以一身备中原师友之传，当中国政变之
> 事，为四千年未有之会，而穷理创义，立事变法，吾皆
> 遭逢其会，而自为之。学道爱人，足为一世，生本无涯，
> 道终未济……[1]

我以前每读至此，总觉得康在造作，待读到梁启超等人关于
"大同三世说"的诸多著述，才隐约地感到，康也未必矫情，
或真以为自己天降大任、使命在身呢。

*2018 年 5 月 28 日在北京大学人文社会科学研究院和生
活·读书·新知三联书店联合举行的讲座之演讲。刊于《澎
湃·上海书评》2018 年 6 月 16 日*

---

1 "聚散成毁"一句，见于张载《正蒙》。

康有为与"进化论"

作为一名作者，最大的难题是如何面对读者。对于那些畅销书作家来说，这个问题似乎不难，他们本来就是以取悦读者为目标的；但要真解决，我看也不是那么容易，读者是否能买账，很可能是另一回事。对于那些专业历史研究者来说，这个问题似乎不用去解决，他们的读者范围非常小，多则几千，少则几百、几十，甚至几人。

然而，专业性的历史著作是否就没有读者？最近情况好像有了变化，随着教育层次的提升，许多人脱离了那类畅销读物，喜欢读一点更具专业性的历史著作。这实际上对专业历史研究者发出一个警告，不应该也不可以降低自己的专业水准。

因此，三联书店安排我到首都图书馆这个地方来讲这么专业性的题目，我也对自己也提出相应的要求：一是不能降低专业水准，变成一个取悦听众的演说；二是要尽可能简

历史的叙述方式

单明了，让非专业的人士也能听懂和理解。不过，有一点我是没有办法的，我在演讲中需要引用比较多也比较长的原始文献，这是专业研究过程中证据链的需要。但我会用口语来解读这些不那么容易快速理解的文言文或半文言文。

戊戌变法被认为是中国近代史上西方化的政治变革，康有为作为这次变革的主要推动者，向光绪皇帝提出的各类建策也是非常西方化的。但是，如果你去读一下康有为此期的著作，就会发现，他的思想不那么西方化。他最关心的，还是中国传统的思想，相当大的部分属于经学与史学。而传统的经、史之学，是当时的士人表达其政治思想的方式。

学术界许多人称康有为受西方思想的影响，主要证据是两条，一是"民主"，一是"进化论"。关于"民主"思想，我认为康有为、梁启超所谈的民主，是"大同三世说"的民主，最主要的依据来自中国传统的经典，与西方政治思想中"人民主权说"的民主，是大不相同的。对此我已经有了专业论文来加以证明，也做过相对通俗的演讲（见本书《康有为的"大同三世说"》）。我今天所讲的，是"进化论"。

在本次演讲开始之时，我们需要对来自西方的进化论做一个界定：进化论是英国生物学家达尔文（Charles Robert Darwin，1809—1882）创立的学说，其标志性的著作是1859年出版的《物种起源》，他还写了《人类的由来》等著作。英国科学家赫胥黎（Thomas Henry Huxley，1825—1895）是进化论的信服者和宣传者，撰写了《人类在自然界的位置》《进化论与伦理学》等著作。英国思想家斯宾塞（Herbert Spencer，1820—1903）将进化论糅合到其政治与社会学说之中，著有《社会学原理》等著作。赫胥黎、斯宾塞两人对于进化论的认知及其运用有着极大的差异。曾经留学英国格林尼治皇家海军学院的严复，时任天津水师学堂总办，翻译了赫胥黎著作《进化论与伦理学》部分内容，加上斯宾塞的思想，再加上其自我理解而作的按语，题名为《天演论》，于1898年（光绪二十四年，戊戌）正式出版。这是中国近代思想史上的重大事件。

我之所以要先做这个界定，是因为许多人在使用"进化论"这个概念时，外延过于宽泛。清末民初，大约所有的知识人都在大讲"进化论"，但他们中间真正读过达尔文、赫胥黎甚至斯宾塞著作的人却很少——达尔文的《物种起源》完整地翻译成中文出版，是1954年的事情（该书出版后的九十五年）。当然，这几年还有新的版本。前些日子，我还看到有人在电视上说："这是两千多年前苗族人发明的进化论。"

康有为、梁启超对严复的迎拒

严复在《天演论》出版之前，即1896年秋，曾将该书的翻译手稿，请时任《时务报》主笔梁启超看过，梁也有抄本。这一年冬天，梁从上海回广东，参与创办澳门《知新报》，大约在此时，梁又让康有为看过。

1897年春，严复从天津致信梁启超，严厉批评梁在《时务报》上发表的《古议院考》。梁启超从上海回信，以"大同三世说"自辩，并谈到了《天演论》的译稿，称言：

> ……南海先生读大著后，亦谓眼中未见此等人。如穗卿（夏曾佑）言，倾佩至不可言喻。惟于择种留良之论，不全以尊说为然，其术亦微异也。书中之言，启超等昔尝有所闻于南海，而未能尽。南海曰：若等无诧为新理，西人治此学者，不知几何家、几何年矣。及得尊著，喜幸无量。启超所闻于南海有出此书之外者，约有二事：一为出世之事，一为略依此书之义而演为条理颇繁密之事。南海亦曰：此必西人之所已言也。顷得穗卿书，言先生谓斯宾塞尔之学，视此书尤有进，闻之益垂涎不能自制。先生盍怜而饷之。（《与严幼陵先生书》，《饮冰室文集》一）

这段话包含的内容比较多，需要加以细致说明。一、康有为读过严复的"大著"。二、康对"天演论"的外表，即进步说，是赞同的；对"天演论"的核心，即"择种留良"，是回拒的——梁说得很委婉，"不全以尊说为然，其术亦微异也"。三、在康有为的"大同三世说"与严译"天演论"的思想比较上，梁就说得不那么客气，"书中所言，启超等昔尝有所闻于南海，而未能尽"；梁说"出此书之外"，应是

"高此书之上"之意。梁说"一为出世之事",大约指佛学思想;梁说"一为略依此书之义而演为条理颇繁密之事",则是康的"大同三世说"。四、梁说"南海曰:若等无诧为新理,西人治此学者,不知几何家、几何年矣"一句,是"大同三世说"的说法,即康不认为严译"天演论"是一种"新理",而是西人"几何年"(多次)接近或发现孔子"大同三世说"的"几何家"(多家)之一,也是"南海亦曰:此必西人之所已言也"之意。五、梁不仅对赫胥黎的学说有兴趣,还希望从严复处得知"斯宾塞尔"(斯宾塞)的学说。

梁启超与严复往来书信中的辩论题目是,梁认为中国古代有议会的思想,甚至有相应的制度;严复认为"天演之事,始于胚胎,终于成体。泰西有今日之民主,则当夏、商时,含有种子以为起点。而专行君政之国,虽演之亿万年,不能由君而入民"。(见《论君政民政相嬗之理》)即西方的胚胎可以导致西方国家走向民主政治,而中国没有这个种子,决定其不可能进入民主政治。根据康有为的"大同三世说",世界各国的历史都是从"据乱世"到"升平世",再到"太平世"的递进,是不可以倒退的;西方若是古代就有民主,又怎么可能再倒退到专制?梁由此认定严复在理论上的"错误",在回信中称:

……既有民权以后,不应改有君权,故民主之局,乃地球万国古来所未有,不独中国也。西人百年以来,民气大伸，遂尔浡兴。中国苟自今日昌明斯义，则数十年其强亦与西国同，在此百年内进于文明耳。故就今日视之，则泰西与支那，诚有天渊之异，其实只有先后，并无低昂；而此先后之差，自地球视之，犹旦暮也。地球既入文明之运，则蒸蒸相逼，不得不变，不特中国民权之说即当大行，即各地土番野猺亦当丕变。其不变者即渐灭以至于尽，此又不易之理也。南海先生尝言，地球文明之运，今始萌芽耳。譬之有文明百分，今则中国仅有一二分，而西人已有八九分，故常觉其相去甚远，其实西人之治亦犹未也。然则先生进种之说至矣，匪直黄种当求进也，即白种亦当求进也。先生又谓何如？（引文中的着重号，为引者所标。下同）

这里的"进种之说"，就是严译"天演论"。梁称黄种人、白种人都要"求进"，讲的是"进步说"（我在后面还会谈到）。

年轻的梁启超，觉得仅仅书信讨论还不满足，于是在《时务报》上发表了《论君政民政相嬗之理》，直接宣传康有为的"大同三世说"。对于严复的"胚胎"说，梁称之"未为当"：

吾既未克读西籍，事事仰给于舌人，则于西史所窥，知其浅也。乃若其所疑者，则据虚理、比例以测之，以谓其国既能行民政者，必其民之智甚开，其民之力甚厚。

> 既举一国之民而智焉，而力焉，则必无复退而为君权主治
> 之理……至疑西方有胚胎，而东方无起点，斯殆不然也。

梁这里所依据的"虚理""比例"，自然是康有为的学说。他用理论来否定历史。

尽管梁启超与严复有争论，但仍部分地接受了严译"天演论"。梁将康有为的学说当作最高峰，而将"天演论"当作次一级的学说，与此期谭嗣同的"仁学"，地位大体相当。1897年，梁准备写一部书，名为《说群》。这里的"群"，大约是"社会"之意。梁在《时务报》《知新报》上发表序言：

> 启超问治天下之道于南海先生，先生曰：以群为体，
> 以变为用。斯二义立，虽治千万年之天下，可矣。启超
> 既略述所闻，作《变法通议》，又思发明群义，则理奥
> 例赜，苦不克达。既乃得侯官严君复之《治功天演论》，
> 浏阳谭君嗣同之《仁学》，读之犁然有当于其心。悼天下
> 有志之士，希得闻南海之绪论，见二君之宏著，或闻矣
> 见矣，而莫之解莫之信。乃内演师说，外依两书，发以
> 浅言，证以实事，作《说群》十篇，一百二十章，其于
> 南海之绪论，严、谭之宏著，未达什一，惟自谓视变法
> 之言，颇有进也。

这一部号称有"十篇""一百二十章"的书，梁仅写了第一

篇第一章便中止了。他宣传了"大同三世说",也简单提到了严译"天演论"——"物竞"。

康有为最初接触与言及"进化"

今天所能看到的康有为著述中,最早言及"进化",是1898年春在上海出版的《日本书目志》。该《书目》在"生物学"类下有八部书,其中六部主题是"进化论",然而康的评论没有涉及"进化"。该《书目》在"社会学"类下有二十一部书,其中七部涉及"进化论",然康的评论也没有涉及"进化"。该《书目》在"蚕桑书"目之下共收入八十八部书,其中有《蚕桑进化论》,一册,末松格平著,六角五分",康却对此作了一大篇评论:

> 右蚕桑书八十八种。中国,桑国也。《书》曰:"桑土既蚕,是降丘泽土。"桑蚕之利为中国独擅,其来至古矣。而四千年学不加进,蚕小而多病,莫能察也。而日本、法国皆移植而大行之。税务司康发达察之于日本,蚕大以倍,且无病,有辄去之,不累其曹。有改良之论,有进化之方,有验瘟之器,有贮粒之法,有微粒子病肉眼鉴定之法,有微粒子病识验之报,其术极细以精矣。其桑有栽培实验之秘。呜呼!中国于茶、丝二业尚不开局考求,而坐听颛颛者自为战,其不尽输与他人者几何!

这是康有为在著作中第一次言及"进化"一词。王宝平教授的研究已经证明，《日本书目志》是康有为及其弟子抄录日本刊出的《东京书籍出版营业者组合员书籍总目录》而成。我有理由相信，该《书目》中的绝大多数著作康根本没有看过。康并不知道《书目》中录有三部非常重要的进化论著作：其一是伊泽修二翻译的《进化原论》（在生物学类下），此即赫胥黎的演讲集 *On the Origin of Species: or, the Causes of the Phenomena of Organic Nature*；其二是由东京大学学生石川千代松记录的《动物进化论》（在生物学类下），此即美国生物学家莫尔斯（Edward Sylvester Morse, 1838—1925）在东京大学讲授生物学的内容，是达尔文学说传入日本的标志性事件；其三是由东京大学教授外山正一校阅的《社会学之原理》（在社会学类下），此即斯宾塞的著作 *The Principles of Sociology*。"进化"说的是物种起源，本是自然的选择，并非是人为技术的直接结果。康的评论却称："有改良之论，有进化之方，有验瘟之器，有贮粒之法，有微粒子病肉眼鉴定之法，有微粒子病识验之报"，将"进化"误作为人为技术手段之一。由此可推知，康没有读过《蚕桑进化论》一书，只是望着书名而信口言之。

康有为在比较明确意义上使用"进化"一词，是政变后流亡日本时期。1898 年冬，康有为在东京著《我史》，其中"光绪十八年"（1892）一节，称言：

以伪《左传》乃刘歆采《国语》而成，改分国为纪
年……《史记》十二国年表，自称采《春秋》《国语》，
乃史迁亲读《国语》原本为之者……又择其伪古文《礼》
与《周礼》合者去之，以还《国语》原文之旧，令长女
同薇编之。薇时年十五岁，天资颇颖，勤学强记，遂能
编书也。薇又将廿四史，编《各国风俗制度考》，以验
人群进化之理焉。

这一段话，是康有为称赞其长女康同薇之聪慧。前半段指康
同薇重新整理《国语》，即康学中"新学伪经"的内容；后
半段指康同薇著书《各国风俗制度考》。"各国"是春秋各国
及后来的各朝代，康有为称该书"验人群进化之理"。康使
用"进化"一词，并非受其编《日本书目志》之影响，而是
到了日本之后的耳食，很可能得自梁启超。而康这里所说的
"进化"，我是无论如何也看不出达尔文、赫胥黎、斯宾塞进
化思想的痕迹——这位虚龄十五岁的女子，1892年（光绪
十八年）坐在书斋之中，使用"二十四史"之类的材料，即
可以"格物"而"致知"。若要真是如此，达尔文为时五年
的环球考察岂非虚行？严复费时多年的翻译工夫岂非徒劳？
康在这里只是借用了一个名词，也恰恰证明康这时对进化论
的内容并没有真正掌握。

值得注意的是，严译《天演论》在中国虽有多次印刷，
也有众多读者，但"天演"一词在当时和后来运用的并不

多。达尔文学说传入日本后，其采用的译名为"进化"，反是"进化"一词在中国被广泛使用。从"天演"到"进化"，以译名的使用而观之，达尔文学说有从日本再次传入中国的过程。

"大同三世说"与进化论

人类的历史是从野蛮逐步走向文明的，全世界几乎所有的历史著作都描述了这一事实。中国的古代典籍，包括儒家的经典，对此都有相应的记录。绝大多数人阅读中国典籍，不难得出历史进步的结论，尤其是中国早期历史。这是历史的进步说，与进化论不同。

人类对历史的解说有着各种差别，不在于认定历史是否进步，而在于解释历史进步的原因不同。儒家历史学家将"三代"的辉煌描绘成圣人的功绩、圣道的功用，即如孟子所言："三代之得天下也以仁，其失天下也以不仁。"(《孟子·离娄》)

康有为在1898年出版了《孔子改制考》《春秋董氏学》两部书，全面阐述其"孔子改制说"，亦初步揭示其"大同三世说"，但没有详细展开。"大同三世说"是主张历史进步的学说，不能因其主张进步，便称之受到源自西方的进化论之影响。

康有为的"大同三世说"，是对人类社会发展进程的一种普世性解说。按照康的说法，这一学说是由孔子创制，口传其弟子，藏于儒家诸经典和相关史传之中，主要是《春秋》及《公羊传》、《礼记》（尤其是《礼运篇》、《中庸篇》和《大学篇》）、《易》、《孟子》、《论语》等文献，以留待"后圣"之发现；泰西各国的哲人对此学说亦有所体会，有所施行，此即前面提到的梁启超致严复信中所言：康对梁称"此必西人之所已言也"，"西人治此学者，不知几何家、几何年矣"之意。

据康有为的说法，他从 1884 年（光绪十年）便发现了"大同三世说"，这一说法很难予以证实。到了戊戌年间，康的"大同三世说"基本思想，应是大体形成。由于康有为曾向梁启超等弟子传授过"大同三世说"的基本内容，从梁启超等人此期的著述中，可以略知其详。（以上的内容可参见本书《康有为与"大同三世说"》）

1900 年（光绪二十六年）秋，康有为从新加坡移居槟榔屿。此时，康发动的"庚子勤王"已经失败，对现实政治也陷于绝望，故重返思想与学术之园地。1901 年冬，为改善居住地的气候，康移居印度大吉岭，至 1903 年初夏离开。旅居槟榔屿、大吉岭的两年多时间，是康一生中最为从容休闲之时。他遍注群经，写了《〈礼运〉注》《〈孟子〉微》《〈中庸〉注》《〈春秋〉笔削大义微言考》《〈论语〉注》《〈大学〉注》和《大同书》。注释是当时儒学者表达自己思想的主要写作方式，康的"大同三世说"亦通过这些著作，从思想观念而落实到了具体的文字。进化论的学说也开始为康有为所运用。

康有为在《〈礼运〉注》中9次使用"进化"一词，在《〈孟子〉微》中使用了21次，在《〈中庸〉注》中使用了11次，《〈春秋〉笔削大义微言考》使用了40次，在《〈论语〉注》使用了21次。以上的五部著作，"进化"一词共使用了102次。（《〈大学〉注》现仅存序文；《大同书》后有很大的增改，我放在后面叙述）从康的使用情况可以看出，他在绝大多数语境中将"进化"一词当作"进步"的概念来使用。我在下面举三个例子。

先来看《〈礼运〉注》。该书是康有为对《礼记·礼运篇》的注释，是"大同三世说"最重要的著作之一，完成于1902年3月。《礼运篇》最重要的一段，是"大同"，文曰：

> 大道之行也，与三代之英，丘未之逮也，而有志焉。大道之行也，天下为公，选贤与能，讲信修睦。故人不独亲其亲，不独子其子，使老有所终，壮有所用，幼有所长，矜寡、孤独、废疾者，皆有所养。男有分，女有归。货恶其弃于地也，不必藏于己。力恶其不出于身也，不必为己。是故谋闭而不兴，盗窃乱贼而不作，故外户而不闭。是谓大同。

这一段话，正是康"大同三世说"的核心证据，也是核心内容。康在注释时，三次使用"进化"一词：

大道者何？人理至公，太平世大同之道也。三代之英，升平世小康之道也。孔子生据乱世，而志则常在太平世，必进化至大同，乃孚素志。至不得已，亦为小康……

故公世，人人分其仰事俯畜之物产财力，以为公产，以养老、慈幼、恤贫、医疾。惟用壮者，则人人无复有老病、孤贫之忧。俗美种良，进化益上，此父子之公理也。分者，限也。男子虽强，而各有权限，不得逾越。肖者，巍也。女子虽弱，而巍然自立，不得陵抑。各立和约而共守之，此夫妇之公理也……

然人之恒言曰：天下国家身，此古昔之小道也。夫有国、有家、有己，则各有其界而自私之。其害公理而阻进化，甚矣。惟天为生人之本，人人皆天所生而直隶焉。凡隶天之下者皆公之，故不独不得立国界，以至强弱相争。并不得有家界，以至亲爱不广。且不得有身界，以至货力自为。故只有天下为公，一切皆本公理而已……

以上康的引文，为了节省篇幅，我只摘其要，没有引全。引文的第一段与第三段，康使用"进化"一词，指的是"据乱"、"升平"（小康）、"太平"（大同）三世之更替，是由孔子发明的，应与达尔文、赫胥黎的学说无涉。且若将"进化"一词改为"进步""变化""更替"等词，意思也是相同的。第二段的情况比较复杂，康有为使用了"俗美""种良"两个概念（康在后文称"化俗久美，传种改良"）。"公世"与"公产"，似属"俗美"。康也提及"壮者"，以及"强""弱"的概念，但没有具体谈到如何达到"种良"。此处的"进化益上"是否属人种学或生物学上的"进化"，从康自己的说法中还是难以确定的。

再来看《〈孟子〉微》。该书是康有为对《孟子》一书的注解，也是"大同三世说"的重要著作之一，完成于1901年12月。《孟子·滕文公》中谈到了中国早期的历史发展，称言：

> ……故曰：或劳心，或劳力，劳心者治人，劳力者治于人。治于人者食人，治人者食于人，天下之通义也。当尧之时，天下犹未平，洪水横流，泛滥于天下，草木畅茂，禽兽繁殖，五谷不登，禽兽逼人，兽蹄鸟迹之道交于中国。尧独忧之，举舜而敷治焉。舜使益掌火，益烈山泽而焚之，禽兽逃匿。禹疏九河，瀹济、漯而注诸海，决汝、汉，排淮、泗而注之江，然后中国可得而食也。当是时也，禹八年于外，三过其门而不入，虽欲耕，得乎? 后稷教民稼穑，树艺五谷，五谷熟而民人育。人之有道也，饱食、暖衣、逸居而无教，则近于禽兽。圣人有忧之，使契为司徒，教以人伦：父子有亲，君臣有义，夫妇有别，长幼有序，朋友有信。放勋（尧）曰：

劳之来之，匡之直之，辅之翼之，使自得之，又从而振德之。圣人之忧民如此，而暇耕乎？尧以不得舜为己忧，舜以不得禹、皋陶为己忧。夫以百亩之不易为己忧者，农夫也。分人以财谓之惠，教人以善谓之忠，为天下得人谓之仁。是故以天下与人易，为天下得人难。孔子曰：大哉尧之为君！惟天为大，惟尧则之，荡荡乎民无能名焉！君哉，舜也！巍巍乎有天下而不与焉！尧、舜之治天下，岂无所用其心哉？亦不用于耕耳。

孟子从"劳力""劳心"之别，而引发出来一大篇中国早期历史发展进程的言说，将历史进步的动因，归结于圣人（尧、舜、益、禹、后稷、契、皋陶）的功绩。康有为作注称：

> 草昧初开，为大鸟兽之世，及人类渐繁，犹日与禽兽争。今亚、非洲中央犹然，且大兽伤人尤多。今印度，岁死于虎狼者数万计，可知人兽相争之剧。中古人与人争地，故以灭国俘虏为大功。上古人与兽争，故以烈山泽、逐禽兽为大功。尧、舜之时，兽蹄鸟迹之道交于中国，至周公时，尚以兼夷狄、驱猛兽为言。今则中原之地，猛兽绝迹，田猎无取，此后人道大强，兽类将灭。盖生存竞争之理，人智则灭兽，文明之国则并野蛮，优胜劣败，出自天然。而所以为功者，亦与时而推移。野

蛮既全并于文明，则太平而大同矣。猛兽既全并于人类，惟牛、马、犬、羊、鸡、豕，豢养服御者存，则爱及众生矣。此仁民爱物之等乎？国之文明，全视教化。无教之国，即为野蛮。无教之人，近于禽兽。故先圣尤重教焉。五伦之立，据乱世之人道也。生我及我生者为父子，同生者为兄弟，合男女为夫妇，有首领服属为君臣，有交游知识为朋友，此并世相接之人天。然交合之道非强立者，圣人但因而教之。父子天性也，故立恩而益亲。兄弟天伦也，故顺秩而有序。男女不别，则父子不亲。太古男女随意好合，夫妇皆无定分，既乱人种，又难育繁人类，故特别正定为夫妇，以定种姓而传嗣续。若君臣无义，则国体不固，而不能合大群。朋友无信，则交道不行，而无以成群会。凡五伦之设，实为合群之良法也。而合群之后，乃益求进化，则自有太平大同之理。

这是康有为著述中最接近于进化论的言词，故将之尽量引全。然而若细细考察，不难发现，康有为所言"生存竞争"，实际上说的是"文明"战胜"野蛮"；"教化""五伦"是"先圣"所制，方能至于"合群"（组织群体乃至于国家）；进化的阶梯则由"乱世"而逐次走向"太平""大同"。这些与达尔文、赫胥黎的进化论学说，仍有着明显的差异。

再来看《〈论语〉注》，完成于1902年4月。《论语·八佾》中有一段话："林放问礼之本。子曰：大哉问！礼，与其奢也，宁俭。丧，与其易也，宁戚。"康有为在注释中大大加以发挥，其中宣称：

> ……《公羊》称孔子为文王，盖孔子为文明进化之王，非尚质退化者也……

康直称孔子"文明进化之王"，若以此论，"进化"本是由孔子发明的。此后，康有为于1904年参观英国剑桥大学和牛津大学，作《英国监布烈住大学华文总教习斋路士会见记》，称言：

> ……知吾国教最文明、最精深，然后吾种贵；知吾国产有教主，道最中庸、最博大、最进化、最宜于今世，可大行于欧美全地，莫不尊亲，然后吾种贵；知吾国有最盛美之教，有神明圣王之教主，我全国及各教宜尊奉之，庶将来使大地效之拜之，如欧人之尊敬耶稣然，然后吾种贵。

"监布烈住"，Cambridge，剑桥。"华文总教习"，汉学教授。"斋路士"，Herbert Allen Giles，1845—1935，翟理思（又译作翟理斯），是剑桥大学第二任汉学教授。这个时候的康有为，已经周游各国，继续宣称孔子是"神明圣王之教主"，孔子学说"最进化""可大行于欧美全地"。而英国恰是达尔文、赫胥黎的故乡。

我曾经仔细地考察康有为此期 102 处"进化"的用法，突出的感受是，康似乎从字面上理解"进化"一词，并对"竞争"有所保留。他可能通过间接读物而对"进化论"有了初步的认识，但对达尔文、赫胥黎、斯宾塞学说的精义，似不太了解。也就是说，康有为从中国史籍与孔子著述中得出的"大同三世说"，与达尔文从自然观察中得出的物种进化规律，本属两途，也不能同归。"大同三世说"与源自西方的进化论，是两种外形有相似之处而学理并不相通的学说。据此，我以为，康有为的"大同三世说"并不是进化论所启迪、所催生的。

"发明"与"暗合"：梁启超与康有为的说法

根据以上的分析，我认为康有为不是进化论者；但学术界众多学者却推定康是进化论者，我以为，他们很可能是受到了梁启超的影响。

最早称康有为是进化论者的，是梁启超。1901 年年底，梁在《清议报》发表《南海康先生传》，称言：

> 先生之哲学，进化派哲学也。中国数千年学术之大体，大抵皆取保守主义，以为文明世界，在于古时，日趋而日下，先生独发明春秋三世之义，以为文明世界，在于他日，日进而日盛。盖中国自创意言进化学者，以

此为嚆矢焉。先生于中国史学用力最深，心得最多，故常以史学言进化之理，以为中国始开于夏禹，其所传尧、舜文明事业，皆孔子所托以明义，悬一至善之鹄，以为太平世之倒影现象而已。又以为世界既进步之后，则断无复行退步之理。即有时为外界别种阻力之所遏，亦不过停顿不进耳，更无复返其初。故孟子言天下之生久矣，一治一乱，其说主于循环；《春秋》言据乱、升平、太平，其说主于进化。二义正相反对。而先生则一主后说焉。又言中国数千年政治虽不进化，而社会甚进化。政治不进化者，专制政体为之梗也；社会进化者，政府之干涉少而人民自由发达也。先生于是推进化之运，以为必有极乐世界于他日，而思想所极，遂衍为大同学说。

这一年，恰是康有为从槟榔屿转居大吉岭，遍注群经，撰写"大同三世说"的理论著作之时，梁启超却开始通过自学日本语来系统地学习西学，写下了《霍布士学案》《斯片挪莎学案》和《卢梭学案》。[1] 从后来的结局来看，梁启超撰《南海康先生传》，是对其师的告别，稍稍有点"谢本师"的意味。此后他在思想上与其师分道扬镳。在这篇仅用 48 小时、成文近两万言、以 "Paint me as I am"（"勿失吾真相"）为

---

1 霍布士，今译霍布斯（Thomas Hobbes 1588—1679）；斯片挪莎，今译斯宾诺沙（Baruch de Spinoza 1632—1677）。

目标的传记中，梁启超用刚学到手的西学知识，将其师描写成无师自通的"西学"大家。除了"进化派哲学"外，梁还称康的哲学为"博爱派哲学""主乐派哲学""社会主义派哲学"。上面的引文，梁启超一口气用了九个"进化"，又用了"进步""退步""循环"等词，但可以明显地看出，这里面谈到的"进化"都是"进步"的意思，与达尔文、赫胥黎根据生物学所建立的"进化论"，没有太多的关系。也就在这篇文章中，梁启超又称：

> ……虽然，所述者，则皆先生之言，而毫不敢以近日所涉猎西籍，附会缘饰之，以失其真也。此等理想，在今日之欧美，或不足为奇，而吾独怪乎先生未读一西书，而冥心孤往，独辟新境，其规模如此其宏远，其理论如此其精密也，不得不叉手赞叹曰：伟人哉，伟人哉！

梁称康"未读一西书"，以"冥心孤往"而达到了"博爱派哲学""主乐派哲学""进化派哲学""社会主义派哲学"的境界，达到了与"今日之欧美"相同的境界。

1902 年 3 月起，梁启超开始在《新民丛报》连载其重要著作《论中国学术思想变迁之大势》，至 1904 年 12 月，刊出该著的最后一篇，谈"最近世"之学术：

> ……南海则对于此种观念，施根本的疗治也。三世之义立，则以进化之理，释经世之志，遍读群书，而无所于阂，而导人以向后之希望，现在之义务。夫三世之义，自何邵公以来，久暗曶焉，南海之倡此，在达尔文主义未输入中国以前，不可谓非一大发明也。

梁启超再次将"大同三世说"认定为"进化之理"，再次肯定其是在达尔文主义传入中国之前，由康独立"发明"的，没有受到严复《天演论》影响的本国产品。

1903 年春，康有为离开印度大吉岭，开始其全球旅行。1904 年来到英国，前面已提到他访问了牛津大学与剑桥大学。这一年的秋天，康在英国伦敦参观了"生物史院"（他在《英国游记》称"生物史院，英音曰呢虎希士拖利"，从发音和描述来看，应是 The Natural History Museum，即自然历史博物馆。该馆位于伦敦海德公园之南的克伦威尔路，是一处世界著名的博物馆）。康详细地记录了馆中的收藏、展示和他本人参观过程，面对达尔文、赫胥黎的石像，而对进化论发表了一番感叹：

> 此院生物诡状异形，不可胜录，姑举其至异者，以资考识新理耳。入门即见达尔文、赫胥黎石像，为之欣悦，如见故人。赫君发天演之微言，达生创物化之新理。哲学既昌，耶教上帝造人之说遂坠。他日大教之倒

以区区生物之理，此破落之所关，亦至巨哉。二生之说，在欧土为新发明，然鄙人二十余年未读一字西书，穷推物化，皆在天人自然之推排，而人力抗天自为之，已与暗合，与门人多发之。故于二生但觉合同而化，惟我后起，既非剿袭，亦不相师。惟二生之即物穷理发挥既透，亦无劳鄙人之多言也。东海西海，心同理同，只有契合昭融而已。然子思曰："天之生物，必因其材而笃焉；栽者培之，倾者复之。"赫生天演之义也。庄子曰："程生马，马生人"；"万物皆出于机，入于机。"达生物生人之说也。吾华先哲其先发于三千年矣。何异焉！（《英国游记》）

康明确提出："鄙人二十余年未读一字西书，穷推物化"，"已与暗合，与门人多发之"。此中的"门人"，包括梁启超，此中的"暗合"，与梁的说法相一致，"既非剿袭，亦不相师"。康进一步地指出，子思的"天之生物"，即赫胥黎的"天演"之说；庄子的"程生马"，即达尔文的"物生人"（人类起源）之说；中国的哲人领先西方三千年。

子思的"天之生物"，见之于《礼记·中庸》，其文曰：

子曰："舜其大孝也与！德为圣人，尊为天子，富有四海之内；宗庙飨之，子孙保之。故大德，必得其位，必得其禄，必得其名，必得其寿。故天之生物，必因其

材而笃焉，故栽者培之，倾者覆之。《诗》曰：'嘉乐君
子，宪宪令德，宜民宜人，受禄于天；保佑命之，自天
申之。'故大德者必受命。"

《中庸》篇，郑玄认为是孔子之孙子思所著，故康有为称
"子思曰"，尽管这段话一般认为是孔子所言。其大体意思为
歌颂舜的德行。"必因其材而笃焉，故栽者培之，倾者覆之"，
一般解释为："天"根据各物材质的美恶而施行有别，该栽
培者加之于优育，该倾覆者则予以覆没。康在《〈中庸〉注》
中将之称为："物竞天择，优胜劣败。孔子发天因之理以劝
之，竞于大德，而后克受天休也。"庄子的"程生马"，见之
于《庄子·至乐》，其文曰：

> 种有几，得水则为𦰩，得水土之际则为鼃蠙之衣，
> 生于陵屯则为陵舄，陵舄得郁栖则为乌足。乌足之根为
> 蛴螬，其叶为胡蝶。胡蝶胥也化而为虫，生于灶下，其
> 状若脱，其名为鸲掇。鸲掇千日为鸟，其名为乾余骨。
> 乾余骨之沫为斯弥，斯弥为食醯。颐辂生乎食醯，黄軦
> 生乎九猷，瞀芮生乎腐蠸。羊奚比乎不箰，久竹生青宁；
> 青宁生程，程生马，马生人，人又反入于机。万物皆出
> 于机，皆入于机。

这一段话，又见于《列子·天瑞》，文字有相异之处。然

而《列子》一直被疑为伪书。其大体的意思是：物种有其微小之生物为"几"，然后变成了各类植物，然后变成了各种动物，然后出现了"青宁"（虫），"青宁生程（豹），程生马，马生人"；人和万物由"几"发生，最后又回归于"几"（机）。这是极富哲理、极有智慧的描述，却又是无法说明白、无法去证实的。且不论由"几"到"几"（机）的整个往返过程，即便是"马生人"之一变，全部的自然历史皆可证实其非。达尔文的进化论所揭示的物种与人类起源，与《圣经·创世纪》中"上帝创造"说形成了巨大的对立，这在当时是最大关注点和争论点，亦非"万物皆出于机，皆入于机"的东方智慧即可消解。康用中国的传统经典来解说达尔文、赫胥黎的学说，正表明他对达尔文、赫胥黎以及进化论学说的隔膜。

《大同书》：进化与天演的背离

尽管康有为在南洋槟榔屿、印度大吉岭进行"大同三世说"的著述时，已采用了"进化"一词，认可了进化论，但不可避免的矛盾是：大同世界，天下为公，矜寡、孤独、废疾等弱势人群皆有所养，货不必藏于己，力不必为己，也就是说，不可能存在优胜劣汰的竞争。康在《〈孟子〉微》《〈中庸〉注》和《〈论语〉注》中都表示过对"竞争"负面作用的担心，而他此期（1902年）的著作《泰西以竞争为进化让义几废》，更是突出地说明了"竞争""进化"与孔子

"尊让"之义之间的对立。

过了十多年，1913 年，康有为发表《中华救国论》，明确区分了人民与国家。他认为：儒家学说重民，法家学说重国；法国重民，德国重国；"夫重民者仁，重国者义；重民者对内，重国者对外"。对外一面，即"重国"，康是主张竞争的，这是"列强竞峙"所致。对内一面，即"重民"，康采取了比较委婉的态度，不主张采用西法，而是要求采用孔子之道，即对国内政治中的"竞争"，是不太认可的。

又过了十年，1923 年，康有为的论调完全变了。他根据第一次世界大战的惨烈后果，认为"天演""竞争"是坏事。他在开封、济南、西安进行演讲，对孔子之道大力称赞，对"天演""竞争"之说，予以否定：

> 孔子圆通无碍，随时变通，无所不有，无可议者也。今之新学，自欧美归者，得外国一二学说，辄敢妄议孔子。岂知欧战之后，欧美人于边沁功利之说、克斯黎天演优胜劣败之论，行之已极，徒得大战之祸，死人千余万，财力皆竭，于是自知前人学说之未善。

这里提到的克斯黎，应当就是"赫胥黎"。有意思的是，康还在演讲中称：

> 吾尝见严复之书札：静观欧洲三百年之文明，只重

物质，然所得不过杀人利己、寡廉鲜耻而已。回思孔子之道，真觉量同天地，泽被寰区。此非仆一人之私言，乃欧美学者之公论也。严又陵亦欧洲学者，翻译欧洲学说甚多，且旧归心基督教者，然晚年其论如此。（《开封演讲辞》）

此时严复已经去世，康有意不去攻击故人，而将严复与"天演"划分开来。而在当时知识人的心目中，"天演"是严复一生中最大的贡献，严复与"天演"已经浑然一体。

从 1902 年到 1923 年，康有为对"天演""竞争"从怀疑而渐至反对。由此查看康一生最重要的著作《大同书》，可以看到奇特的现象，即"进化"与"天演"的背离。这两个本属一体的概念，康在使用时却赋予了多种意思。我们可以来看两个例子。

康有为在《大同书》使用"进化"一词共 39 次，基本的意思相同，即进步之意。我们可以看一段文字：

一、世界进化，自分而合，乃势之自然。故自黄帝、尧、舜时为万国，至汤三千国，武王一千八百国，春秋则二百余国，战国为七国，秦则一统矣，凡二千年。印度之先亦诸国并立，三千年而统一于阿育大王。欧洲之先亦诸国并立，二千年而统一于罗马。盖分并之势，乃淘汰之自然，其强大之并吞，弱小之灭亡，亦适以为大同之先驱耳。

一、民权进化，自下而上，亦理之自然。故美国一立，法之大革命累起，而各国随之。于是立宪遍行，共和大起，均产说出，工党日兴。夫国有君权，自各私而难合，若但为民权，则联合亦易。盖民但自求利益，则仁人倡大同之乐利，自能合乎人心。大势既倡，人皆越之，如水流之就下。故民权之起，宪法之兴，合群均产之说，皆为大同之先声也。

前一段强调的"弱肉强食"，这与达尔文的"进化论"还是有差别的；后一段谈"民权""立宪""共和""均产"，都是"进化"的作用，最终方向是"大同"。《大同书》39次"进化"具体使用情况，与康当年旅居槟榔屿、大吉岭遍注群经是大体相同的，与康此后周游各国所写的游记也是相同的，都是正面的意思。

"天演"的情况则大为不同。康有为在《大同书》中使用"天演"一词共八次，含义也稍有差异，但基本面是比较负面的。我们可以再看一段文字：

有国，则只私其国，于是争他国之所有以相杀。有种，则只私其种，于是争他种之所有以相杀。以强凌弱，以勇欺怯，以诈欺愚，以众暴寡。其妄谬而有一知半解如达尔文者，则创天演之说，以为天之使然，导人以竞争为大义。于是竞争为古今世界公共之至恶物者，遂揭日月而行，贤者皆奉之而不耻。于是全地莽莽，皆为铁血，此其大罪过于洪水甚矣！夫天演者，无知之物也；人义者，有性识之物也。人道所以合群，所以能太平者，以其本有爱质而扩充之，因以裁成天道，辅相天宜，而止于至善，极于大同，乃能大众得其乐利。若循天演之例，则普大地人类，强者凌弱，互相吞啮，日事兵戎，如斗鹌鹑然，其卒也仅余强者之一人，则卒为大鸟兽所食而已。且是义也，在昔者异类相离、诸国并立之世，犹于不可之中而无能术遏之，不得已也者。若在大同之世，则为过去至恶之物，如童子带痘毒，岂可复发之于壮老之时哉？大同之世无异类，无异国，皆同体同胞也。竞争者，于异类异国为不得已，于同体同胞为有大害，岂可复播此恶种以散布于世界哉？夫据乱之世，人尚私争；升平之世，人人各有度量分界，人不加我，我不加人；故大同之世，视人如己，无有畛域，"货恶其弃于地也，不必藏于己。力恶其不出于身也，不必为己"。当是之时，最恶竞争，亦无有竞争者矣。其竞争者，惟在竞仁竞智，此则不让于师者。

康有为认为：据乱世是有"私争"的；到了升平世，则"人不加我，我不加人"，这里加"加"是强加的意思；到了太平世，则是不分国家，不分人种，"皆同体同胞"，是"最恶竞争"的，如果还要竞争，只能是在"仁""智"两方面的竞争；而达尔文被批为"妄谬而有一知半解者"，"天演之说"被批为"此其大罪过于洪水甚矣"。

康有为"大同三世说"思想的形成是比较早的，但《大同书》完成时间却比较晚。该书康生前只发表了一部分，很可能准备继续修改。《大同书》与"大同三世说"的最大区别，在于不再强调这一学说是孔子创造。康在《大同书》中甚至还宣称，到了大同世，孔子三世说也将消亡：

> 耶教以尊天爱人为诲善，以悔罪末断为悚恶。太平之世，自能爱人，自能无罪。知天演之自然，则天不尊；知无量众魂之难立待于空虚，则不信末日之断。耶苏之教，至大同则灭矣。回教言国，言君臣、夫妇之纲统，一入大同即灭。虽有魂学，皆称天而行，粗浅不足征信，其灭更先。大同太平，则孔子之志也，至于是时，孔子三世之说已尽行，惟《易》之阴阳消息，可传而不显矣。盖病已除矣，无所用药，岸已登矣，筏亦当舍。故大同之世，惟神仙与佛学二者大行。盖大同者，世间法之极，而仙学者长生不死，尤世间法之极也。佛学者不生不灭，不离乎世而出乎世间，尤出乎大同之外也……

这段话的主旨是说，到了大同太平之世，"耶教"（广义的基督教）、"回教"（伊斯兰教）都会灭亡，"魂学"灭亡更早，孔子之教因其目标已经完全实现，"筏亦当舍"，也不存在了，只留下了神仙与佛学。康在此处所用"天演"一词，意义稍有暧昧，不是负面的。此中的"天演"，应指物种起源，即人类的由来，以反对上帝创造说，即"天不尊"。康认为"天演"学说将推动"耶教"走向灭亡。上引的这一段话，是《大同书》的最后一段，康有为接着写道：

> 故大同之后，始为仙学，后为佛学；下智为仙学，上智为佛学。仙、佛之后，则为天游之学矣，吾别有书。

在耶、回、儒消亡之后，仙、佛之学还可以存在一段时间，再往后就是"天游之学"了。康有为成了真正的"先知"。在这样的"终极真理"面前，达尔文的"进化论"显然不那么"管用"，被康批责和放弃，也是很自然的。

2018年7月8日在生活·读书·新知三联书店与首都图书馆联合举行的讲座之演讲。刊于《文汇报·文汇学人》2018年9月14日

晚清的思想革命

清朝的灭亡与明朝不一样。

明朝的灭亡是征战的失败。清军的铁骑一路扫荡,虽有投降的官员与士人,但许多读书人是不合作的,是抵抗的。忠明与殉明,是当时官员与士人所认定的最高境界,许多人出于多种原因没有做到,被认为是怯懦的、自私的和不道德的,尽管也是可以原谅的。清初的统治由此也遇到了许多麻烦。

清朝的灭亡完全是内部的崩溃。在中央,内阁总理大臣袁世凯绝对不忠于清朝;在地方,广西巡抚沈秉堃、安徽巡抚朱家宝、江苏巡抚程德全等人是主动革命。各省咨议局作为清朝统治机器的一部分,普遍地同情或参加革命,其中许多人就是地方反清革命的组织者和领导人。作为清朝统治机器中最重要的部分——军队,多有反叛,尤其是新军,在镇(师)、协(旅)两级的高级军官中,忠清和殉清的几乎没有，叛清的却大有人在。在上海进行南北议和的南方人士，如伍廷芳、赵凤昌，都曾是清朝的官员。张謇作为清代的状元，主动倒清，据称是退位诏书的起草者，这在明朝是不能想象的。

作为中国传统思想主体的儒家思想，此时起到了什么作用？此时发生什么变化？

儒家思想自然有多重面相，但其最核心的面相是政治思想，讲的是"忠"。"忠"的核心自然是"忠君"。清亡五十年前，咸同之际，儒家思想还催生出曾国藩、江忠源、胡林翼、左宗棠、李鸿章、骆秉章、沈葆桢、丁日昌、郭嵩焘、刘铭传等一大批忠义之士。但到了此时，儒家思想表面上还占据着主导地位，实际已经抽出了忠义的精神，清末政治思想的基本面相已变。

清末许多官员与士人之所以不再忠清，是受到了种族革命思想的影响，不愿意为异族效忠；但大多数人并不主张种族革命，他们的思想又是如何发生变化，发生了什么样的变化？

严修与蔡元培

由此我们可以看一下清末民初的两个重要人物，他们分别是南开大学的创办人严修（1860—1929）和北京大学"永远的校长"蔡元培（1868—1940）。

严修从小受到了严格的儒学训练，进士出身，入翰林院。1894年以翰林院编修出为贵州学政，主持一省之学务。很可能受到甲午战争的影响，他于1897年上奏，提议开经济特科。光绪帝接受了，相关的准备也正在进行，成为戊戌变法中的重大改革事项。至戊戌政变后，他请假回到天津，办理女学堂，自习西学，曾两次赴日本考察教育。1902年，他应袁世凯之邀，任直隶学校司督办，是直隶（尤其是天津）近代教育的发起人和主持人。1905年，清朝成立学部，他任侍郎，1910年以病回天津，至袁世凯组织内阁，再任学部大臣。他是清末教育改革的主要实践者和领导者。而在这一时期，他的思想从原有的知识结构向新式教育转变，似乎没有遇到太多的障碍。他对清帝的退位似乎并不意外，是顺从的；对民国的创建似乎也不意外，是欢迎的。他后来创办的南开中学、南开大学，已经看不到太多过去儒学或经学的特点。

蔡元培也曾受完整的儒学训练，进士出身，入翰林院。戊戌政变后，请假回籍办理中西学堂，后到上海，参与办理澄衷学堂、南洋公学、中国教育会、爱国学社。1904年，他参与组织了光复会，后加入了同盟会（他有种族革命的思想）。1906年，清朝派翰林出洋，他销假回京申请，未能成行。次年，他随清朝新任驻德公使孙宝琦到德国，入莱比锡大学旁听三年（孙宝琦曾给予一定的资助），完整地接受了西学。辛亥革命时回国，任南京临时政府教育总长，是重要的革命党人。北洋时期，再次出洋赴法国。1916年回国，任北京大学校长，主校期间提出了"兼容并包"的办学思想。

严修与蔡元培都是进士出身，都进入翰林院，都去了东洋或西洋，主动从传统思想中走了出来，并传播新思想、新学术，开始办学。就清末而言，严修更多一点官方色彩，蔡元培更多一点民间色彩，但并不影响他们的大方向。从思想史的角度来说，他们自我完成了思想革命，并从事于思想革命，在当时和后来都是影响极大的人。

顺便说一句，蔡元培主持的爱国学社，"爱国"一词已不是"忠清"，而是有了现代国家的观念。爱国学社的教员与学员，后来大多是反清的。

叶昌炽的课题与废八股改策论

严修与蔡元培，是清朝最重要的学术机构翰林院中走在最前面的人，或者说从传统主动迈入近代的人。那么，翰林院中的其他人呢？

出于上课等原因，我最近在读晚清四大日记之一的《缘督庐日记》，作者叶昌炽（1849—1917），苏州人，学问精深，今天被视为金石学家、文献学家。他于1889年中进士，入翰林院，1902年以翰林院编修出为甘肃学政。1903年8月，他在兰州求古书院出了三道课题：

允犹翕河义（典出《诗·周颂·般》，指允水、犹水合流为黄河）。

> 问欧洲各国皆用金镑，中国用银，金贵银贱，公私漏卮甚巨。即以银币论，西人曰先令。每一先令重二钱二分，易中国银，浮于所重之数悬绝，是同一银币，中西贵贱不相敌，不变圜法，匮可立待。何策以维持之？
>
> 兰州新设官书局应先排印何书议。[1]

求古书院是兰州最重要的书院，此时的学问已经完全变化。[2]第一题仍比较传统，叶昌炽此时在兰州，似乎也是颂"时周之命"。第二题我不知道今属大学哪个学系的专业内容，经济系、政治系、金融系、社会系？似乎都与之有点关系。第三题是有所指的，即当时最为缺少的"时务书"。叶本人此类书籍不多，主要来源是西安。西安此类书籍也很少，兰州更少，由此而需要刊刻排印。而这些没有读过"时务书"或读得不多的兰州学子，又如何比较，如何回答？叶作为一省学政，须在各府、州进行科、岁两试。其中在巩昌府的院试，所出的生古题为：

1　叶昌炽：《缘督庐日记》光绪二十九年七月初九日，南京：江苏古籍出版社，2002年，第7册，第4200—4201页。

2　叶昌炽在光绪二十九年二月十五日记中称："省城兰山书院，督臣为政。求古书院，学臣为政。旧例也。"同上书，第3978页。

问地为球体行星之一，其体皆有尽界而浮于空中，所见地面水面有一定界线，试言其理。

问巩昌石刻上溯汉魏，下迄宋元，年月书撰，或存或佚。各举所知以对。

哥舒翰论。

所出的童古题为：

问空气流动而为风，由于冷热涨缩，试言其理。

问巩昌陇右名区，人文所萃，前贤撰述，文献足征。试以四部条列其目，并论其著书大意，略如提要之例。

姜维论。

其中第一、二题是"策"，叶昌炽怕生童做不出第一题（分别谈地平线和风的产生），特别说明"两策任择一题，无庸全作"，由此可用地方知识来补其西学之不足。[1] 而他在西宁府的三试题中有：

问古人以兵战，今东、西各国以商战、工战、农战而实以学战，试申言其意。[2]

---

1 《缘督庐日记》光绪二十九年二月二十八日，同前书，第4000—4001页。
2 《缘督庐日记》光绪二十九年五月二十九日，同前书，第4152页。

从这样的课题出发，学子能得出什么样的结论来呢？叶昌炽不以西学见长，却与冯桂芬、江标、费念兹、张之洞有交往。我很怀疑他对于国际汇兑、地平钱、风和"学战"等课题是否有完整并大体准确的知识，也不知道他的评分标准，很可能由他的幕僚来操办之。他不是新学的一派，这么做是其职务使然。他所出的题目，应当被认为是晚清最为主流的政治思想与学术思想，表达的是清朝官方的意志。

我读了这一年（光绪二十九年，1903 年）的叶昌炽日记，感受很深。我也知道相关的背景，即两年前清朝政府宣布从明年起废八股，乡、会试皆试策论。叶不能不变。1906 年，清朝又废学政，改设提学使，叶也就不再做官，返回乡里。他曾任江苏存古学堂历史、地理总校，民国后不再出仕。他听到张勋复辟的消息时，有一点欣慰，但认为不会长久。

叶昌炽日记中所描写的这一年，清朝进行了第一次也是最后一次经济特科，清朝通过了"癸卯学制"，规定了三段七级的教育体制。再一年，1904 年（光绪三十年），清朝在开封举行了最后一次会试，即"甲辰恩科"会试。考题大变。第一场史论（五题）：

> 周唐外重内轻，秦魏外轻内重，各有得论。
>
> 贾谊"五饵三表"之说，班固讥其疏。然秦穆尝用之以霸西戎，中行说亦以戒单于，其说未尝不效论。

诸葛亮无申商之心而用其术，王安石用申商之实而讳其名论。

裴度奏宰相宜招延四方贤才与参谋议，请于私第见客论。

北宋结金以图燕、南宋助元以攻蔡论。

第二场各国政治、艺学策（五题）：

学堂之设，其旨有三，所以陶铸国民，造就人才，振兴实业。国民不能自立，必立学以教之，使皆有善良之德，忠爱之心，自养之技能，必需之知识，盖东西各国所同。日本则尤注重尚武之精神，此陶铸国民之教育也。讲求政治、法律、理财、外交诸专门，以备任使，此造就人才之教育也。分设农、工、商、矿诸学，以期富国利民，此振兴实业之教育也。三者孰为最急策。

泰西外交政策，往往借保全土地之名，而收利益之实，盍缕举近百年来历史以证明其事策。

日本变法之初，聘用西人而国以日强，埃及用外国人至千余员，遂至失财政裁判之权，而国以不振。试详言其得失利弊策。

《周礼》言农政最详，诸子有农家之学。近时各国研究农务，多以人事转移气候，其要曰土地、曰资本、曰劳力，而能善用此三者，实资智识。方今修明学制，列为专科，冀存要术之遗。试陈教农之策。

美国禁止华工，久成苛例，今届十年期满，亟宜援引公法，驳正原约，以期保护侨民策。

第三场四书五经义（三题）：

大学之道，在明明德，在亲民，在止于至善义（《大学》）。

中立而不倚，强哉矫义（《中庸》）。

致天下之民，聚天下之货，交易而退，各得其所义（《易·系辞下》）。

从考题的内容与形式来看，与原来的科举会试有了本质的区别。以今天的知识水准来判断，第一场史论，大约最优秀的历史学家都难以解答清楚，且也不能完全依据史实来回答，出题者另有其用意在内；第二场西政与艺学（西方的科学与技术），属政治家和各行各业专家讨论的问题，且也不可能有标准的答案；第三场四书五经义，实际上也潜藏着对当时国政的新解。用这样的题目来选拔人才，果真能找到经国济世之才？

清代最后一榜（也是中国最后一榜）会试进士共276人。如果去分析这276人的后来经历，真是什么样的都有。此时离清朝灭亡已经很近了，但我记得这一批人中没有忠清、殉清的。该榜探花为商衍鎏，在清朝、北洋、国民政府任职，其中在国民政府中任职极短，到了中华人民共和国时，出任中央文史馆副馆长。

又一年，1905年（光绪三十一年），科举废除了。在新的教育体系之中，经学只是其中一科。抽去科举的支撑后，传统的儒学软软地塌了下来，在青年学子的心中变得没有什么用处了。传统的由"知书"通向"达礼"的路上，人迹渐稀。

张之洞的内心世界

科举试题很大程度上代表着官方的意识形态，而科举消亡又显示着官方主流政治思想的变化。其中最重要的代表人物之一是张之洞（1837—1909），他主持着晚清的学制改革，主要代表作当称完成于1898年的《劝学篇》，虽由其幕中人士代笔，仍体现出他的思想。

我最近重读《徐世昌日记》，发现很有意思的记录。1897年，翰林院编修、袁世凯的幕僚徐世昌来到武昌，张之洞与徐相见多达十六次，每次谈话的时间都很长，经常是夜半谈到三四更，甚至天明。他们是同乡。张又是喜欢夜谈之人。更重要的是，甲午战争初期，1894年10月，徐世昌上奏提议调张之洞主持朝政大局，朝廷为此命张之洞进京，后因两江总督刘坤一赴山海关督师，改张之洞署理两江总督。张由此对徐另眼相待。徐世昌日记记录了他们的谈话内容，从中可以清楚地看到张的内心世界：

晚清重臣张之洞（1837—1909）

　　问当今挽回大局之要，当从何处下手？芗翁云其要
有三：曰多设报馆，多立学堂，广开铁路。而所以收此
三者之效之曰士农工商兵，然必欲观此五者之成，仍不
外乎变科举。多设报馆，可以新天下之耳目，振天下之
聋聩；多立学堂，可以兴天下之人材，或得一、二杰出
之士以撑拄残局；广开铁路，可以通万国之声气，如粤
汉之路、卢汉之路，奉天之路修到伯都纳与俄国之路连
接，五六年内一律告成，中国可不至于危亡。大哉斯言，

高出寻常万万矣。至于变科举，尚不可以旦夕计，然终
必至于变而后已。[1]

张之洞本是科举健将，虚岁 14 岁中生员，虚岁 16 岁中举
（顺天府试解元）、虚岁 27 岁中进士，殿试探花（同治二年，
1863 年），入翰林院。过了这些年之后，竟然主张变科举。
而他讲的报馆、学堂、铁路，与传统的儒学体系是有冲突
的，而与前文提到的叶昌炽新式考题却是联通的。徐又记：

> 芗翁云：士农工商兵五者，兵须藉商之财之为养，
> 而又非农工不能成，然农工商兵又非士之考究训教不能
> 精。今日泰西以商务立国，梦梦者几疑商可冠乎四民矣，
> 得此言可以破群疑、息众喙。而为士者仍不力求实学以
> 副其名，能无惧乎。又言中国之弱，上溯其源，始于老
> 氏之清静，继之于佛学之空虚，又继之以理学之迂拘。
> 老氏盛于汉，一洗秦之苛扰；佛盛于晋，亦稍弭一时杀
> 戮之惨；理学盛于宋，大有功于五代之乱。是皆有益于

---

1 《徐世昌日记》光绪二十三年九月二十九日，北京：北京人民出版社，
2015 年，第 21 册，第 10326 页。"芗翁"，张之洞，号香涛。奉天，今
沈阳。伯都纳，今吉林扶余。张之洞之意是中国新修的山海关到奉天的
铁路，延至伯都纳，与俄国的中东路相连接。当时俄国已获得修筑中东
路（满洲里经哈尔滨到绥芬河）之权，该铁路连接西伯利亚大铁路，至
海参崴，尚未获得修筑中东路支线（哈尔滨经沈阳到大连）之权。

世，可救一代之弊。然皆以静为之，而不欲其动。天行健，君子以自强不息。其不动也，以至于积弱而不能振，至今日而已极矣。又自唐专以文字取科名，有所为词章之学者其泯没人材益甚。直至本朝，更求工于小楷试帖，束缚为已极矣。官到卿贰，不免于文字之考，何由得经济之才。不思变计，中国断无振兴之机，徒饰皮毛，无益也。又言：能师管、葛，必大有功于世。[1]

张之洞认为，士农工商兵五者，士是最为关键者，即"农工商兵又非士之考究训教不能精"。他此时反对老学、佛学与理学，更反对科举之制度，主张"变计"，主张师从管仲、诸葛亮。作为清朝的高官，作为当时许多读书人的精神领袖，张的这种思想将会发生重大的作用。徐又记：

三更，芗翁约谈，座有念劬，极言科举之当变，而又申说其办法缓急、难易之故。一尊小酌，横论古今，直至四更而尽始散。[2]

芗翁约夜话，小酌，论中西学术，论西政、西学之分，论时人之愚闇，太息痛恨。问余志学之所向属，择

---

1 《徐世昌日记》光绪二十三年十月初二日，同前书，第 10327 页。
2 《徐世昌日记》光绪二十三年十月初四日，同前书，第 10327 页。"念劬"，钱恂。

一事言之。告以时事孔亟，愿闻经世立身之道。云：目前新学，中年通籍以后之人，以讲求西政为先，西学随性之所近而涉猎之，仍以中学为主。因论中学甚晰，立身以必有守然后有为。又论同治中兴名臣。寅正始就寝。[1]

徐世昌是很谨慎的人，日记中一般不太会记录太多的事情。他之所以会写下这么多，自然是受到了张的内心世界的感染。

从徐世昌日记之中，我惊诧地发现，张之洞的这些言论与梁启超此期在《时务报》上发表的《变法通议》等政论文章，有着很多相似之处。我们不能认为张之洞受到了康、梁的影响，他与徐的谈话中，清楚地说明："宜极力讲求与诸务并举，不可惑于邪说。""邪说"一语，指的就是"康学"。然而，从光绪二十三年武昌总督府张、徐一次次夜谈中，我们可以隐隐地看到"江楚三折"的影子，看到"癸卯

---

1 《徐世昌日记》光绪二十三年十月初七日，同前书，第 10328 页。寅正，早上四点。此外，徐世昌还记："芗翁约夜酌，深谈，论各直省生人材质性情，欲提倡直隶人材有三要，曰多看书，多走路，多见人。俟通俄干路成，能多出洋游历，方有实济。"（光绪二十三年十月初十日）"夜芗翁谈谈，小酌，论诸知名之士，论吾乡通知时事者，数都门通知华学者，吾辈以通知西政为要务。论西艺、西政之分，铁路成则瓜分之说解。以联俄为第一要义。将计就计，不得不然。论当日既败后筹战大端。"（十月十一日）其中"出洋游历"一事，张之洞在湖北就大力推动，等他到了北京，成为清朝的国策。

学制"的影子，看到张上奏停止科举的影子。张之洞一生都在阻止政治革命，但他实际上已经发动了思想革命，"中学为体、西学为用"便是他的设计——持续长达数百年的基督教传教事业，已为这个国家铺垫了最为基础的西学知识；持续长达数十年的洋务企业，也显示了西学知识的实际运用效果。但是，旧的科举制度改变，新的教育制度建立之后，西方的政治、经济、法律、社会诸学说从日本如潮水般涌入，中学渐渐地不能为体了。

在这里，我似乎还需帮"中体西用"说几句话。今天的人们对"中体西用"有误读之处，甚至指责其不能彻底地改为"西体西用"。最早明确使用"中学为体、西学为用"说法的是孙家鼐，他是光绪帝的老师，也是京师大学堂的首任管学大臣。在"中体"与"西用"之间，张之洞、孙家鼐强调的是"西用"（"中体"在当时根本不存在任何疑问），即容纳西学，以使西学能正式进入清朝官方的意识形态体系之中。这从《劝学篇·外篇》中可以看得十分清楚。他们的这一提法在当时还有一定的政治风险：戊戌政变后，守旧派势力上台，就连"西用"都被打了下去；而到了庚子（光绪二十六年，1900 年）之变，与"西"与"洋"有点关系的五大臣（总理衙门大臣许景澄、袁昶、徐用仪、联元，内务府大臣立山），被守旧派杀了。

思想革命的主体

由此可见，晚清的思想革命是从甲午战败开始的。过去的人们过多地关注了康有为、梁启超的自我宣扬，认为他们甚至革命党人是思想革命的发动者。从广大的人群来看，从宽阔的地域来看，康、梁和革命党人的宣扬效果有限。以上谈到的士人，张謇、严修、蔡元培、叶昌炽、张之洞、徐世昌，以及后面还将提到的张百熙，都是两榜进士、翰林出身，都是康、梁影响不了的人物，甚至是反对康、梁的人物。他们代表着那个时代学术的主流，代表着知识的最高阶层，也是思想影响力最大的团体。

我以为，晚清的思想革命起于近代教育：从废八股到废科举，从办学堂到派留学，西学进来了，一点点扩大，成为知识的主体部分。然而，所有这一切的发生和发展，都来自朝命，都是清朝政府中张之洞、孙家鼐、严修、徐世昌等一大批官员推动的，叶昌炽等一大批官员裹挟其中。即便是蔡元培，也于1906年在清朝的京师译学馆教了一个学期的国文与西洋史。由此，我以为，晚清的思想革命是由清朝政府主导的，其主体是包括翰林院众多官员在内的清朝最高精英层。

我以为，似不能低估政府倡导在那个时代的决定性作用。在科举制的时代，大多数苦心读书的人，绝非为个人知识的增加，个人修行的提升，而是为稻粱谋，为了能进入政府谋得官位与名利。到了此时，清朝政府主办或倡导的各类新式学堂，需要大量的教员，需要大量的教科书，引出更多的士人与近代读书人投身于此。新式学堂的毕业生除了继续从事近代教育，也进入社会，进入政府，进入军队，进入各行各业。他们所凭借的，不再是对圣贤经典的理解，不再是八股文章和诗赋、小楷，而是数算格致、声光化电、各国语言文字，乃至各行各业的专业技能。为了弥补中国知识（中学）的不足，外国知识（西学）被放到更重要的位置；为了弥补中国知识人（新学人才）的不足，留学又成为清朝的国策。外洋的博士，最初还只是比附中国的进士，后来又凌驾之。

科举与教育的变化，促进了近代传媒的发展，促进了各类社会团体的产生。我在前面提到了叶昌炽的课题，兰州求古书院的学子、甘肃各地的生童，只能通过这类新书刊来获取新知识。以各种知识名义成立的社会团体，吸引着许多知识饥渴的青年。比起以往千年不变的四书五经，比起那些科举参考的高头讲章，这类新书报更具吸引力。在旧的知识体系之中，从读者到作者需要花费几十年的功力，且成功者很少，而在新的知识体系之中，由于需求的旺盛，从读者到作者所需的时间迅速加快，许多读者仅需几年或几月甚至几天就很快成为作者，甚至是名作者。上海、天津、汉口等地租界，由此成了翻译、出版、书报等文化产业的中心，进而成为舆论和社会团体活动的中心，成为新式文明与文化的中心。

作为晚清思想革命的重要成果，清末新式学堂的师生普遍地反清或同情政治革命，与清末新式教育相联系的海军与陆军（新军），也有相当大比例的军官反清或同情政治革命，清末出现的新式媒体即报馆、出版机构的从业人员亦多有倾向或同情政治革命者。更为明显的现象是，清朝的官员，尤其是中央政府的官员，后来大多成了民国的官员。北京政府似乎只是换了一个招牌，内部人员没有太多的变化，外交部和海军部尤其如此。我曾经帮忙审看国家清史编纂委员会编写的人物传记，主要是光绪朝后半段，发现其中许多人按照传统史学应列入"贰臣传"。从清末到民国以至到后来的中华人民共和国，许多清朝官员不仅是"贰臣"，而且当了"三臣"甚至"四臣"。徐世昌就做了中华民国的大总统。晚清官员弃旧朝而投新朝，自然有着生计的原因，但他们在做政治选择时，并没有太多的思想痛苦。这样的情景与明末清初是大不相同的。当然，还有一些官员不是不想投新朝，而是被新朝所弃。

作为晚清思想革命的重要成果，相当大数量的留学生被清朝政府派了出去，或者在清朝政府的支持下自费留学。为此，清朝建立了留美预备学校。其中一位，名为胡适之，是清朝政府选派的"庚款"学生。清朝留下来的京师大学堂，在民国年间成思想革命的中心；清朝派出的留学生，成了民国思想革命的中坚。晚清开始的思想革命，到了五四新文化运动有了结局。我们今天可以清楚地看出两者之间的连续性。1898 年张之洞提出"中体西用"时，意在中学容纳西学；1917 年蔡元培在北京大学提出"兼容并包"时，已是对旧式学人和儒学的宽容。不到二十年的时间，中学与西学已是主客易势。

由此，我以为，从晚清开始的思想革命，通过近代教育和传媒工具，通过张之洞、叶昌炽、严修、蔡元培、胡适之等人，一步步到达彼岸。西学的内容进来了，其中的政治学说也是清朝最为警惕的部分，清朝学部对教科书亦有审查，但这类审查只能去掉一些敏感的词语。西学作为一个整体，不是一些名词的变换即可以拦截，而传统的"四书五经"崇高至上的地位无可挽回地一天天坠落。我们再来看恽毓鼎日记中的两段话：

> ……近来新学盛行，四书五经几至束之高阁。此次各卷，往往前二场精力弥满，至末场则草草了事，多不过三百余字，且多为随手掇拾，绝无紧靠义理发挥者，大有如不欲战，不屑用心之势。阅卷者以头、二场既荐，于末场亦不能不稍予宽容。久而久之，圣贤义理不难弃若弁髦矣。学术人心，可忧方大。张、袁二制军立意欲废科举，其弊害至于是，更有不可胜言者。袁世凯（慰庭）不足道，张香老举动乃亦如此，岂不可痛哉！书至此愤懑万分。

> 三年新政，举中国二千年之旧制，列圣二百年之成

法，痛与铲除。无事不纷更，无人不徇私，国脉不顾也，民力不恤也……日朘月削，日异月新，酿成土崩瓦解、众叛亲离之大局，而吾属横被其忧，念及此，不禁放声大哭，罪魁祸首则在张之洞、张百熙之力主令学生留学东洋。[1]

恽毓鼎也是进士出身，亦曾任翰林院编修。前一段话写于1903年，他任"癸卯会试"同考官，阅卷有感，矛头指向张之洞。后一段话写于武昌起义之后，清朝大势已经不稳。张之洞、张百熙皆是清朝的管学大臣，是近代教育体制的设计者，也是留学日本的推动者。在恽看来，清朝之所以灭亡，在于思想的变动，尤其是儒家思想受到"日朘月削"而造成的地位变化。

清朝灭亡了，这是不变的事实。然而清朝该不该亡，又是另一回事。从历史的过程来看，辛亥革命有其偶然性，四川的保路运动和武昌的新军起义，都不是不可避免的。但是，政治革命即便不发生，思想革命也已经在进行。

1　史晓风整理：《恽毓鼎日记》光绪二十九年四月初一日、宣统三年九月初六日，杭州：浙江古籍出版社，2004年，上册，第222页，下册，555页。光绪二十九年会试，形式改变：头场为史论，二场为策论（包含西政西艺之内容），三场为四书五经义。按照以往的习惯，会试只重视头、二场，三场多为陪衬。第二年，即光绪三十年最后一次会试，仍沿用之。

清朝即便不灭亡，其主导的政治思想和学术思想须得有一个革命性的变化，其政治结构与学术制度须得有一个革命性的变化，才能适应新知识之下已开始变化的士人和近代读书人。

2015 年 11 月在澳门大学历史系主办"晚清的重新审视"学术研讨会发言。2016 年 1 月修改。刊于《东方早报·上海书评》2016 年 3 月 6 日

辛亥革命一百年

今年是辛亥革命一百周年。任何一项重大事件到了一百年，历史学界自然不能闲着，将会召开许多许多次的学术讨论会。我今天的报告却不在史学界，而在金融界，又说明其意义冲出了历史学界。当然，在座的还有一位身跨金融与历史两界的人士。

在辛亥革命一百周年之际，历史学家们比较有兴趣的话题，居然是这场革命是否有其必然性？这场革命的意义究竟是什么？以往大多数历史学家的认同是：这场革命有历史的必然性，是社会各种矛盾发展的必然结果，在中国历史上具有划时代的重大意义。今天已有许多历史学家对这些斩钉截铁的结论不那么自信，产生了怀疑。也有一些历史学家提出，辛亥革命的发生虽然是偶然的，但到了 20 世纪初叶，中国必然会发生一次大的革命。

革命发生的原因

从清朝后期的历史来看，致使革命的原因是很多的。

其一，明清以来的商业资本的发展，国家赋税的货币化，全国市场的形成，劳动力的流动，尤其是近代工商业与海外贸易的急速成长，表明了这个国家的经济结构正处于技术革命与制度演变的前夜。对此随手便可举出许多证据。也就是说，到了辛亥革命时，中国的社会经济结构，较之传统的形态有了很大的变化。

其二，晚清的官场相当腐败，人民对政府没有信心，更没有好感。皇帝在民间已失去了神圣性。这与八国联军占领北京、慈禧太后与光绪帝逃到西安的政治形象有关，也与革命党人和立宪党人的宣传有关。老百姓听到了神圣的君主制度太多不神圣的方方面面，又多见身边道德沦丧的贪腐官员，特别是那种吏目、衙役之类的下层"官人"。

其三，清朝官员各派系之间的权力斗争过于激烈，政府内耗很大。许多政治失意的官员，对执政者持敌视的态度，没有保护政府与朝廷的责任感。1908年光绪帝、慈禧太后相继去世。根据慈禧太后的临终安排，由光绪帝的侄子、年仅三岁的溥仪继位，即宣统帝，由光绪帝的弟弟、宣统帝的父亲、第二代醇亲王载沣为"摄政王"以监国，也只有27岁。而当时最重要的大臣张之洞不久后便去世了，另一位权臣袁世凯被摄政王逼迫下台，回河南"养疴"去了。

君权不固，又无合适的辅佐之大臣，政治上缺乏强力人物。

其四，庚子事变之后，清朝进入了"新政期"。原来以"四书五经"为标准考本的科举制度，受到了最大的冲击。1905年，清朝废科举，改设新式学堂。儒家文化中的"忠君"思想由此而受到侵蚀，西方的民主思想随着政治、经济、社会甚至军事、技术诸学说导入各类学堂而悄悄沁润人心。

其五，中央财政已经枯竭。1895年甲午战争赔款白银两亿三千万两，1901年庚子事变再赔款四亿五千万两。这远远超出了清朝的财政收入，迫使清朝大举外债，主要财政收入如海关、厘金、盐税等项都已抵押。

其六，与前者有关联，由于中央政府没有钱，相关的事务只能交给各省去办，其中最重要且最花钱的是军队与教育。当时的新式陆军（新军）以各省为基础来编练，大的省份编练一两镇（师），小的省份编练一两协（旅），军权落到了各省官员的手里。而直隶在中央财政的支援下练成了六镇，军权落在直隶总督袁世凯手中（后来交了四镇给陆军部）。学堂也由各省各县来办，其师资与政治控制力，也取决于各地的官员与绅士的态度。如果各省各县对中央政府的态度发生变化，很容易出现麻烦。后来的事实来证明，新军与学生是辛亥革命的主力。财权、军权、教育权（舆论）都不在中央政府手中。

虽有以上六种原因，但很难说一定就会发生革命；只是一旦如果出现危机，朝廷的控制能力就会变得很弱。辛亥革命就是在这样一个弱势的、危机处理能力不强的中央政府统治下发生的。这是必须注意的。

孙中山等人领导的革命活动

孙中山领导的革命活动可以追溯到1894年在檀香山（火奴鲁鲁）成立的兴中会，主要基础是华侨，在国内并无相应的力量。次年该组织迁到香港，举行广州起义，很快失败。在此之后，革命党人建立了各种组织，规模都不算太大，其中最重要的是1905年成立于日本东京的中国同盟会，成员数百人，后有较大的发展。他们的组织活动，大体可分成两类：

其一是在日本和上海等地进行革命宣传，发行《民报》等报刊，在留日学生中培养革命党人，并潜回国内扩充其组织。从后来的情况来看，这类宣传与组织活动有相当不俗的效果，但对辛亥革命的直接贡献却非常有限，而是成为民国建立之后国民党人的政治基础与组织储备。

其二是用海外华人的钱，从国外运入武器，利用国内的会党（其中最主要是三合会，即后来洪帮、青帮的前身）发动反清起义：惠州起义（1900）、广州大明顺天国起义（1902）、萍浏醴起义（1906）、潮州黄冈起义（1906）、惠州七女湖起义（1907）、广西防城起义（1907）、广西镇南关起义（1907）、绍兴、安庆起义（1907）、广西钦州、廉州起义（1908）、云南河口起义（1908）；此后，除会党之外又加入新军的因素，如安庆马炮营起义（1908）、广州新军起义（1909）和黄花岗起义（1911）。这一类起义不太成功，对当地的官员造成极大的震撼，而当地的民众对此却没有太大的反应。究其原因，革命党人数不多，会党没有什么政治信仰，只是根据利益与义气来行事，再加上海外的军费与军器经常不能到位，结果是旋起旋灭。

还须说明的是，日本政界、商界人士以及大陆浪人，出于各种动因，对革命党人进行了各种形式的帮助与支持。日本方面的这些做法，是出自本国利益的。

清朝的经济形势与政治改革

如果客观地评价清朝最后十年的经济形势，应当说是相当不错了。

首先是外国资本大量涌入，开始主要在金融业、轮船航运业和进出口业。当时的汇丰银行、麦加利银行、法国东方汇理银行、德华银行、横滨正金银行、华俄道胜银行、花旗银行等，基本控制了各通商口岸的金融业务，华人的存、贷款量在外资银行中也占有相当大的比例。进出各个通商口岸的轮船，以外国船为主，如果中国是 100 的话，英国是 180，日本是 99，德国、法国、俄国加起来是 80。各种大大小小的洋行，大体控制了中国进出口业，在洋行中也有许多中国买办。到了 19 世纪末 20 世纪初，外国资本更是深入到中国的棉纺织业、矿业和铁路等新行业。棉纺织业当时属新兴工业，日本和英国的资本投入量很大，尤其是在上海。在更为重要的矿业，英国、德国、日本甚至意大利，都有很大的份额，其中最著名的有开滦煤矿（英国），焦作煤矿（英国与意大利），抚顺、辽阳煤矿（俄国，后为日本），山东坊子、淄川煤矿（德国）。有些煤矿今天还在生产。快速发展的铁路是当时最赚钱的行业，已通车的有德国的胶济铁路、俄国的中东路和中东路支线、日本的南满铁路。上海作为新兴的工商业城市迅速崛起，人口剧增，成为远东第一位的城市，具有充沛的经济活力。不光是上海，再加上香港、天津、汉口、青岛、大连、哈尔滨等主要通商口岸和割让地、租让地，使中国与世界经济结为一体。如果不考虑外国资本对中国经济安全的威胁和疆域主权等问题，可以说，大量的外资涌入使得中国沿海沿江地区的经济有了超常规的快速发展。需要说明的是，俄国、德国、日本在中国东北和山东的大量投资，其中相当部分是政府投资，是具有政治和领土野心的，是想要把东北和山东拿过去的。

在外国资本大量涌入时，中国民间资本也开始活跃，纷纷投资工商业。中国民间本来不缺钱，主要问题是资本量小而散，没有大资本，也缺乏安全的投资领域。在辛亥革命前十年，空前数量的民间资本，相继投入于棉纺织业、小轮船业、钱庄业、面粉业、火柴业、水泥业、酿酒业，由此继续带动上海、天津、汉口、烟台等沿海沿江城市的经济发展。

此时，清政府在铁路建设、矿山建设、钢铁业和机器制造业也是颇有作为的，尤其是铁路。在引进外资的基础上，修建了沪宁铁路（英国资本）、芦汉铁路（今京广线北段，比利时资本）、关内外铁路（今北京到沈阳，英国与俄国资本），并完全利用本国资本与技术建成了京张铁路。1903年，清朝设立了商部，后改为农工商部，并设立了邮传部（交通），制定了许多重要的经济法规和产业政策，如公司、商标、破产、铁路、矿业、奖励等。清政府支持下的各种职业教育发展也很快。清政府还制定相关法规，让各地商人成立商会。

可以说，晚清十年是中国近代经济发展最好的时期之一。

而在经济发展的同时，清朝政府也进行了一系列的政治改革。1905年，清朝派大臣到东、西洋考察政治，决定仿效西方和日本君主立宪政体，作为其基本政改方向。1906年，清朝进行了政府体制的改革，将传统的吏、户、礼、刑、兵、工六部改为外务部、吏部、度支部（财政）、礼部、法部、学部、陆军部、农工商部、邮传部、理藩部等十一部结构，与西方的政府形式大体相似。1907年，清朝决定在中央设立资政院，作为将来国会的基础，并命各省设立咨议局，作为将来省议会的基础。1908年，清朝宣布预备立宪，用九年的时间（至1917年）来过渡为君主立宪制的国家。制定宪法，召开国会，其政治设计方案与当时的日本有相似之处。1909年，清朝进行省级咨议局的选举，但有资格的选民占人口总数的千分之六（直隶）到千分之二（甘肃）。1910年，清朝开设资政院，议员两百名，其中一百名为钦定，一百名由各省咨议局选送。与此同时，清朝的政治改革还包括了财政体制、司法体制、教育体制等多个方面，虽说是按照近代国家的样式，但相关的权力，尤其是财权，却要从各省收归到中央各部，引起了地方督抚的普遍不满。

　　用今天的眼光来看，在中国这一专制王权历史长久的国家，只用九年的时间，改造成为君主立宪制的国家，其改革进程可能会太快；但在当时最为活跃的政治人物（主要是各省咨议局中的立宪党人）心目中，九年的时间太长，甚至认为清朝是假立宪，不会将政治权力交给民选的议会。他们强烈要求缩短"预备"时间。慈禧太后、光绪帝去世后清朝中央政府的弱势，使得各省要求速开国会、实行责任内阁的呼声越来越高涨。他们在上海等地多次召开集会，组织民众签名，并派出代表三次进京请愿。而在政治改革中权力受到侵蚀的地方督抚，为了向清廷示威，也加入其中。1910年，由东三省总督锡良领衔，十八名省级大员联署（湖广总督、云贵总督、两广总督、伊犁将军、察哈尔都统、吉林巡抚、黑龙江巡抚、江苏巡抚、安徽巡抚、山东巡抚、山西巡抚、河南巡抚、新疆巡抚、浙江巡抚、江西巡抚、湖南巡抚、广西巡抚、贵州巡抚）电奏，要求朝廷立即组织内阁，明年召开国会。这个名单包括当时清朝绝大多数疆域，剩下者仅为直隶总督、两江总督、四川总督、闽浙总督、陕西巡抚、热河都统六人。如此强大的声音与反响，迫使清朝中枢不得不同意将预备立宪的时间，缩短到五年，也就是要在三年后，即1913年召开国会，实行宪法。

时间已经是很短了，实行君主立宪所需要的配套改革与人员培训根本没有时间来进行，但在激进主义的声浪中，相对理性的思考却没有及时出现，即便有人说，恐怕也没有人会听。清朝中枢很害怕大权会因之旁落，反而将政治权力高度集中在皇族与亲信的手中。1911年5月，清廷撤销了原来的内阁与军机处，成立以皇帝名义任命的责任内阁（未经过资政院）：总理大臣奕劻（庆亲王），协理大臣那桐（满人）、徐世昌；外务大臣梁敦彦、民政大臣善耆（肃亲王）、度支大臣载泽（宗室）、学务大臣唐景崇、陆军大臣荫昌（满人）、海军大臣载洵（宗室）、司法大臣绍昌（宗室）、农工部大臣溥伦（宗室）、邮传大臣盛宣怀、理藩大臣寿耆（宗室）。内阁成员十三人中，满人占九人，而皇族达到七人。这一内阁遭到了很大的舆论反对，被称为"皇族内阁"。

以满人或皇族来掌权，却遭到如此之大的反对，正说明此时的"满汉矛盾"已经大大转化。清入关时对汉人的屠杀，成为革命党人进行宣传的重要道具。现实中的情况恰好是相反。如果不计高层政坛，在中下层的政治结构中，汉人此时已掌控绝大部分的权力与资源，曾经威武一时的京师八旗，已成为好逸恶劳、游手好闲的代名词，"八旗子弟"被认为是无用的人，甚至是社会渣滓。满人的经济地位也相当低下，生存都成了问题，而清政府解决他们的生计问题的办法，竟然是"自谋生计"。满人与周围汉族普通老百姓的关系也是比较好的，并没有高人一等的态度。也因为如此，辛亥革命后，各地并没有出现大规模屠杀满人的种族主义暴行。

绝大多数立宪党人的政治诉求，只是在明年即1911年召开国会，时间上仅相差两年，都已等不及了。他们大多本是咨议局、资政院议员，在当时的政治结构中，属于体制之内的人；他们发动的请愿活动，仍属于体制之内的事。此时，他们群起反对"皇族内阁"，实际上就是反对清朝政府本身了。立宪党人又控制了各省咨议局，在政治上有着很强的号召力。地方大员也开始与朝廷离心离德，不那么配合。

偶发的诱因：保路运动

那么，在这种国内的政治经济形势下，革命又是怎么发生的？出现了一个很重要也很偶然的事件。

晚清十年，清政府鼓励民间资本修建铁路，其中一条重要干线是川汉铁路，由成都修到汉口，是由四川的官方与民间合作建设的。四川的老百姓钱不多，而办铁路的人又没有相关的铁路知识与资本运作的本领，有钱人也不愿意拿钱出来让他们用。这些人就想出一个办法，叫"租股"，即在田赋上加摊，拿这些钱将来作为铁路股份。这实际上是田赋的加征，对农民有较大的损害。到辛亥前，已经收了"租股"约银几百万两。但川路公司管理比较混乱，铁路未修，工资及办公费已花银一百多万两，投资的银元局也失败了。

时任中央政府邮传部（管理今天的邮政、交通、铁路等事务）尚书的盛宣怀，是兼官僚、买办、资本家的人物。他提出的政策是"铁路国有"，即收回川汉铁路的筑路权，由中央政府来办，具体方法是在外国发行债券，筹集资金，川路已收的"租股"，交给中央政府组建的铁路公司。然而，相应的经济赔偿及原来川路公司的人员安排，都没有及时跟上。

从今天的经济学、政治学、工程学的角度来看，盛宣怀的政策应当是正确的：该路的资金需求量很大，初步估计约银九千万两，用"租股"的方式根本无法短期内筹集大量资金，只能是发行外债；干线铁路由中央政府来办，容易处理两省或多省之间的矛盾；川东鄂西的地质条件非常恶劣（当时并不清楚），这条铁路的宜昌到万县段最近（2010年）才刚刚修通，据说造价超过青藏铁路，并被称为铁路工程史上的"奇迹"。而盛宣怀这个人的名声也不好，虽属当时的经济管理奇才，同时也擅长"化公为私"。他死后因大小诸房争夺遗产，分家的清册现仍存在档案之中，我记得是一个天文数字。[1]

借外债来修铁路，只要利用得当，也是省便的办法。当时的芦汉铁路、关内外铁路、沪宁铁路皆用此法。当然，借款合同也会明确由外国工程师来修建。但是，把持川路公司、各地"租股"局的既得利益者和川路股票的投资者，却表示反对，他们提出的理由是，借外债就是将川路出卖给外国人，是卖国政策，川路应由川人来办。这种民族主义加地方主义的宣传，鼓动力很大。四川立宪党人直接领导了"保路运动"，在成都成立其组织"保路同志会"。

铁路民办政策是光绪皇帝在位时制定的，组织者们便在成都的各中心地区搭起席棚，供奉光绪皇帝的牌位，并写有"文官下轿、武官下马"的木牌。他们在席棚前举行演讲会，听者众多；他们印发各种宣传品，言词激越："宁为中国鬼，不为外人奴"；他们鼓动罢市，首先在成都，后又影响到17个州县。老百姓被动员起来，成都的集会，参加者

1　盛宣怀于1916年去世。1919年，盛家亲友及沪上闻人进行"同人公议"，将其家产分为十份，五房各得一份，另五份由各房共同管理使用。其估价清册为：上海道契房产，估元六百六十八万六千零五十四两零八分；内地地产，估元九十八万四千零九十两一分；各项股票，估元五百一十一万二千四百九十八两三钱八厘；各典股本存款，三十五万五千二百九十八两一钱零七厘；现款，三十五万五千二百九十八两一钱零七厘。以上五项总共元一千三百四十九万三千八百六十八两八钱五分五厘。这个数字大约是清末最后一个财政年度预算总收入的二十分之一。

数以千计。省政府没有威信，省政府说的话也没有人听，局势越来越紧张。清朝原来是没有警察的，清末新政时各地开始试办，成都的警察也正在开办中。省政府这时却错误地使用军队，诱捕了立宪党人（咨议局议长、副议长等），并对请愿的民众开枪，打死三十二人。

事件由此升级，原本是经济政策，此时激成了政治革命。城外的农民，相当多的是会党，也集结起来向成都进发，人数大约有二十万。体制之内的咨议局直接成为省政府的敌对面，而清朝中央政府这时又支持省政府，准备武力镇压。从当时的武力条件来看，他们也有能力将此镇压下去。

当然，这些都是从清朝政府的角度来进行思考的。

武昌起义与各地起义

前面谈到，清朝由于财政问题将新式陆军交给各省去编练，而各省编练新军时，吸纳了大量的会党成员。革命党人本来就在会党中活动，此时也混入新军中进行活动。在许多省份，尤其是南方各省，新军中会党成员、各类革命组织的成员，已经占了一定的比例。这种情况，清政府多少也有点了解，但慈禧太后、光绪帝去世后，中央政府软弱，地方政府怠职，对此并没有采取措施。

还有一个情况也需要注意，随着新军的迅速扩编，军官缺口很大。日本陆军士官学校的毕业生，回国后升职特

　　　　　　　　　历史的叙述方式

快。而革命党人对留日士官生多有策动，一些人也加入了同盟会。军官的态度影响到士兵，新军中同情甚至主张革命的人数在增加。

四川发生了保路运动之后，清朝派前两江总督端方为办理川汉、粤汉铁路大臣，带兵入川，其中一部分兵力是湖北的。湖北当时是一个军事强省，仅次于直隶。当年在张之洞的治理下，新军已成规模，编有一镇（师，第8镇）、一协（旅，混成第21协）。湖北新军中也有革命党组织，但互不相属，各成体系。他们认为四川保路运动是起义的契机，准备发动。然而因事机不密，在汉口俄租界制造炸弹时引起爆炸，俄方巡捕将相关人员移交给清政府。在此紧急情况下，他们临时决定提前起义，当晚约有400名士兵占领了军火库楚望台（1911年10月10日）。

武昌起义是清朝军队自己发动的，湖北省政府面对的最大危机是派什么人去镇压起义。直到现在为止的研究，还无法证明清军中主张革命、同情革命的人数是多少，但一般认为还只是少数（当年同情或支持革命者，事后都愿意当功臣，人数统计仍然是不多）。而当时的统治者在这关键时刻无法辨认哪些部队是忠于清朝的，哪些又是反清革命的。湖广总督瑞澂与第8镇统制张彪选择了逃跑，以能保命，革命的士兵随之占领了武昌。当时军阶最高者是第21协协统黎元洪，在起义官兵的逼迫下同意出任湖北军都督，居然成为了首义的政治领袖。黎曾是张之洞重点栽培的军官，首义前

湖北省咨议局，辛亥首义后改为鄂军都督府

在他的身上闻不出一丝革命的气味。而湖北的立宪党人，如咨议局议长汤化龙等，也赞成革命。

在武昌起义后的两个月内，各省纷纷独立：湖南、陕西、江西、云南、山西、江苏、贵州、浙江、广西、福建、安徽、广东、四川，加上湖北，一共十四个省，基本形式是新军中的革命士兵和会党成员联合起来，发动武装起义，占领省级政府，清朝官员逃走。从后来的资料来分析，革命党人的数量是不多的，但他们的起义也是没有军队可以用来镇压的。而参加起义的革命党人中，有些是清军高级军官，如

历史的叙述方式

江苏的徐绍桢（镇统）、云南的蔡锷（协统）、四川的尹昌衡（督练处会办兼陆军小学堂总办）、山西的阎锡山（标统）。各省咨议局的立宪党人，此时大多站到反清革命的立场上去了。两广总督张鸣岐、广西巡抚沈秉堃、安徽巡抚朱家宝、江苏巡抚程德全，本是清朝的命官，竟然倒向革命，宣布独立了。朝廷对此仍是束手无策。

武昌起义后，清朝内阁总理大臣奕劻无法处理危机，向摄政王载沣提议，请袁世凯出山，任湖广总督，镇压革命。袁世凯原本被摄政王罢免，此次出山时摆足了架子，提足了条件，才从河南彰德赴湖北孝感上任，立即督率北洋军攻占了汉口、汉阳，与革命军隔江相望。这时，袁世凯停止了军事进攻，慢慢地转过身来，向清廷显示其真实的军事实力。

袁世凯是清末产生的新一代军人。与前一代湘、淮系统帅不同，曾国藩、李鸿章、左宗棠之辈皆是儒生，科举出身，到了刘坤一等后辈，仍恪守儒学的教义，但袁世凯从小就以不读书出名；他与后一代留日士官派军人也不同，蔡锷、阎锡山、蒋介石等人从日本接受了西方思想的转手货，而袁世凯除了西方武器，似不喜欢西方的一切。袁世凯一代军人是利益主义者、机会主义者，而对于政治信仰之类的，他们可以去说，也会说得听起来不错，但不会照着做。

袁世凯推翻清朝

到了这般时刻，清廷中枢已是手脚错乱，全无章法了。奕劻有意让权于袁世凯，年轻的摄政王载沣虽然对袁极度不满，但局势坏到这般田地，又没有其他的路可走，于是袁世凯被视作能够拯救清朝的唯一"救星"。

由此，清廷授权袁世凯组织完全的责任内阁，宣布了宪法信条十九条，建立一个君主立宪制的国家：规定皇帝的权力以宪法规定者为限；总理大臣由国会公举，皇帝任命；皇族不得为总理大臣或国务大臣，资政院在国会未开之前，代行国会职能。这一政治体制大体上与英国相似，国会的权力大于日本和德国。次日，资政院公举袁为内阁总理大臣。袁就职后，先对摄政王下手，以摄政王监国体制与责任内阁制不相符，要求载沣退出，隆裕皇太后根据奕劻的建议，准许载沣辞退监国摄政王，不再预政。到了这个时候，清朝中枢只剩下一个完全没有政治经验的隆裕皇太后和一个野心勃勃的袁世凯。

武昌起义的形势是孙中山等革命党人完全没有预料到的。孙中山当时在美国，听到消息后，在华盛顿、纽约、伦敦、巴黎分别与列强政府和外交代表接触，谋求支持，但列强并没有做出相应的反应。国内起义与独立各省，拥戴首义的湖北，派代表去武昌，讨论建立临时政府。但北洋军攻占汉口、汉阳后，武昌已成为危城，各省代表移往南京，继续讨论。最初的结果为选举黎元洪为大元帅，黄兴为副元帅，由黄兴负实际责任。黄兴等人到达南京后，主张选举临时大总统，而此时孙中山已到达上海。独立各省此时已达十七个，一省一票，候选人为三人：孙中山、黎元洪、黄兴。最终，孙中山得十六票（黄兴一票），当选为中华民国临时大总统，并在南京成立临时政府。需要说明的是，这个临时政府并没有实际的掌控能力，独立各省基本上还是自行其是的。

此时的南北议和，在上海进行。北方的条件是要独立各省承认君主立宪制的清朝，南方提出的条件更具诱惑力，如果袁世凯同意共和制，可以选举袁为中华民国临时大总统，尽管独立各省已经选举孙中山为临时大总统。南方各省知道，他们的武力不如袁世凯的北洋军，不可能直接推翻清朝，须得假手于袁以行之。南方各省也知道，他们开出的条件对袁极具诱惑力。

南京临时政府与清朝政府是两种国体的两个政府，就力量而言，清朝还要更大一些，列强此时也支持袁世凯。作为清朝内阁总理大臣的袁世凯，开始一招又一招地施展其手段或显示其身段，不时给南方唱红脸，更主要的是对虚弱的隆裕皇太后唱白脸，同时又向连嘴皮子功夫都不太佳的资政院扮鬼脸。京城中的高层人士无一不知袁在自编自导自演，但手中却没有实力可与袁较劲。隆裕皇太后最终只能同意退位，改为"立宪共和国"国体，授袁世凯"全权组织政府"。

从"救星"到"屠手"，袁世凯当了不到三个月的大清帝国内阁总理大臣，便出任中华民国临时大总统。清朝实际上是被其政府总理从内部推翻的。

两次复辟：洪宪与宣统再登位

从以上的历史进程，再来看辛亥革命，清朝真正的敌人不仅仅是革命党人，而大多来自内部——咨议局、资政院、新军、学生，这些都是清末新政的产物；朝廷命官和各省大员的普遍"不忠"，又使清廷失去了支柱，而大厦是向内倾塌的。

从清朝灭亡、民国建立的角度来看，辛亥革命算是成功了。但从权力更替的角度来看，皇帝的专制权力并没有转移到国会，转移到民选的国家元首手中，而是转到了军事强人的手中。中国还不是一个人民主权的国家。也因为如此，袁世凯出任中华民国临时大总统前后，南京的临时参议院给他量身定制了一部具有宪法意义的《临时约法》：表面上是总统制，实际上是议会制（内阁制）。如果完全按照《临时约法》，袁将没有权力，权力属于参议院。问题也因此产生，袁世凯并不是根据《临时约法》出任临时大总统，临时参议院也绝对不喜欢袁，袁能当选的唯一理由是北洋的武力！"马上得天下"，本是中国传统的改朝换代的定理，此时再一次得以实践。还须注意的是，中华民国中央政府的主体部分，仍然是清朝的旧班底，也是清末新政的产物。

1913 年，中华民国举行第一次国会选举，当国民党获得大胜（45%），正准备成立议会制的内阁时，该党理事长宋教仁被暗杀了（未能破案，袁世凯的嫌疑最大）。此后中国的政治，处于一个非常尴尬的局面——国会必须承认袁世凯的权威，但袁不是国会中的多数派，甚至也不是少数派。当国会选举袁为正式大总统后，袁立即逮捕国民党议员，使国会因法定人数不足而不能开会。这时的中华民国，没有宪法，没有国会，所有的权力都在袁一人的手中，可以说是"中华大总统国"。而这时的"中华大总统国"，政治相对稳定，经济又一次出现高涨（与第一次世界大战有关）。许多人也在考虑，中国是否可以不要共和国，而采用专制政体的帝制。

　　1915年秋，当袁世凯在众人鼓动下也相信帝制，并亲自推行洪宪帝制时（按其设计是君主立宪下的帝制），反对的力量一下子强大起来。最有力量的反对者，不是舆论，不是民心，甚至不是国民党或参加护国的西南诸省，而是他手下的几员大将——他们正在重复袁世凯当年对付清朝的老方法！袁当了皇帝，将由儿子继位，袁手下大将会断绝政治上的前程。中国历代新王朝最后都要杀功臣，新君难配老臣，袁手下大将此后的地位甚至家产性命都难确保，六年多前"袁宫保""养疴"便是"前车"。失去武力支持的"准皇帝"，只能是一让再让，最后连大总统的权力都让了出去，准备实行"责任内阁制"。绝对不"忠"清的袁世凯，终于看清了手下大将们也绝对不"忠"袁，病了二十天，便于1916年夏去世。

　　袁世凯死后，中华民国的国号没有变，但进入了军阀

身着军服的中华民国大总统袁世凯（1859—1916）

统治、军阀混战的时期。这一代利益主义、机会主义的军人，做起事来手法像袁，手段还不如袁。国会成为被"嘲弄"的对象，辛亥之前大显身手的立宪党人在政治上渐渐销声匿迹，共和政体被破坏。从当时的政治游戏规则来看，有点像是东汉末年、三国未立之际，群雄相竞。

当时也有人认为不是帝制不适合于中国，而是袁世凯不适合于中国，于是又有 1917 年的张勋复辟，让宣统皇帝再次登位。其结果要更加悲惨，前后十二天，还不到两个星期，这是因为张勋的武力实在太小，只有五千"辫子兵"。

军政、训政、宪政三时期

对孙中山和革命党人来说，辛亥革命是失败的，政权落到袁世凯和北洋军阀手中，民主政体的原则并没有实现。他们开始了继续革命的征程。1914 年，孙在东京成立中华革命党，要求党员效忠其本人，立誓约，打手模（按手印）——这显然与民主体制有违，但该党只是一个小党，人数不足五百人，1916 年停止活动。1917 年，因张勋复辟，孙中山出任南方的中华民国陆海军大元帅，其基本武力是西南各省的军阀，听封不听调，次年又改组为总裁合议制，孙被迫离去。1919 年，孙中山重建中国国民党，再次组建其革命力量。1921 年，孙中山又出任南方的非常大总统，次年拥有军权的陈炯明叛变，孙再次被迫离去。1923 年，孙中山重返广州，设立陆海军大元帅大本营，自任大元帅。在辛亥之后十多年的革命生涯中，孙中山形成了"知难行易说"，极其强调领袖的决定作用。[1]

1　张朋园教授后来对此有专门的论述《从民权到威权——孙中山的训政思想与转折兼论党人继志述事》，（台北）"中研院"近代史研究所演讲集 3（"郭廷以讲座"），2015 年。

1924 年，孙中山改组国民党，按照俄共的模式重新建党，任总理。《中国国民党总章》规定：总理在党内有最后决定权，即独裁权。与此同时，孙又写下了《建国大纲》：

建设之程序分为三期：一曰军政时期，二曰训政时期，三曰宪政时期。

在军政时期，一切制度悉隶于军政之下。政府一面用兵力以扫除国内之障碍，一面宣传主义以开化全国之人心，而促进国家之统一。

在训政时期，政府当派曾经训练、考试合格之员，到各县协助人民筹备自治。其程度以全县人口调查清楚，全县土地测量完竣，全县警卫办理妥善，四境纵横之道路修筑成功，而其人民曾受四权使用之训练，而完毕其国民之义务，誓行革命之主义者，得选举县官，以执行一县之政事，得选举议员，以议立一县之法律，始成为一完全自治之县。

凡一省全数之县皆达完全自治者，则为宪政开始时期。国民代表会得选举省长，以为本省自治之监督。至于该省内之国家行政，则省长受中央之指挥。[1]

---

1 《孙中山全集》，北京：中华书局，2011 年，第 9 卷，第 127 页。

由此可见，孙中山不再强调民主政治。他认为中国不可能一下子实现宪政（民主），而是先要进行两个时期的建设：第一是武装夺取政权，即"军政"；第二是训练民众，即"训政"。最后才是建立一个有主义的国家，即三民主义的国家，而进入"宪政"。这与卢梭式的"人民主权说"的政治学原则是有很大区别的。

1925年，孙中山去世，此后的历史，大体按照孙中山的设计展开。1926年，国民政府举行北伐，将权力交给国民革命军总司令蒋介石，即实行"军政"。1928年，国民党完成北伐，实行"训政"，由中国国民党领导国民行使政治权力，明确规定平时行使政治权力的机构是中国国民党中央执行委员会政治委员会（"中政会"）。1946年，国民党召开"国民大会"，通过了《中华民国宪法》，"还政于民"，即进入"宪政"时期。但为了适应蒋介石的需要，"国民大会"又制定了"动员戡乱时期临时条款"。蒋介石次年当选总统后，根据该条款宣布戒严，国家没有实行民主，仍是蒋的专制统治。

百年后的反思

以上我所说的，都是一些简单的事实。但我无论再怎样简单描述这段历史，也需花费很长的时间。说了这么多，花了大家那么多的时间，就是要从这些事实描述中，来反思辛亥革命的意义。

辛亥革命一百年了，需要反思的内容很多，而我个人认为最应当注视的方面，是思想上的激进主义与现实中的强权政治。

辛亥革命作为政治革命，其目标是推翻封建专制王朝，建立人民主权的共和国。作为专制王朝的清朝是被推翻了，但人民主权的"民国"是否真正建立起来了？

辛亥革命前，在国外的革命党人自然是激进主义者，他们在与改良派的论战中，充分表现出强烈猛进的性格。孙中山在东京发表了"三民主义"，描绘了新国家的政治面貌，但真正要回到国内来做事，依靠的却是在社会底层中失意的会党。这是两种性质完全不同的力量，又怎么可能达到理性的结合？而合作的结果，一再显示出激进主义的尴尬。孙中山后来的合作者，也多半是失意的军阀。

辛亥革命前，在国内的立宪党人，被视为温和主义者。但这些温和主义者又是如何一步步走向激进的？预备立宪要做的工作非常之多，预备立宪的时间却只有九年。但宣布立宪的清朝中枢，并没有在预备工作上花功夫，推动立宪的立宪党人，也没有在预备工作上花功夫，所争论的焦点却是最为不足的预备时间。从九年（1917年）到五年（1913年），从五年争三年，其实就是明年（1911年）。而真到了1911年，立宪党人普遍地转向革命。历史最为根本的特点是"不可改变性"，历史学家最为基本的态度是"不可去假设"，但我却时常会忍不住想象：若是九年立宪成功，若是五年立宪成功，中国的命运又会怎么样？1913年，袁世凯逮捕国民党国会议员时，当时的人们有没有想过"五年立宪"？1917年，黎元洪总统借国会之力赶走段祺瑞总理，张勋借机复辟，南方各省发起"护法"时，当时的人们有没有想过"九年立宪"？

在辛亥的时代，激进主义占尽了风头，一旦遇到现实生活中的强权政治，遇到袁世凯，遇到其他军事强人，结果都败下阵来。也就是说，真正起决定性作用的是政治行为的传统规则。两千多年的中国政治史，空气中飘荡着儒家文化的"王风"，骨子里又是强权政治的霸道。虽说是"霸王道杂之"，但"王风"真遇到霸道，还只能是甘拜下风。由此可认真思考辛亥革命时中国的社会基础和政治结构，是否有了根本性的变化，是否已经到了政治革命的前夜？如果这些社会基础、政治结构没有充分变化，又应该如何来改变？革命对此能起多大的作用？历史学界原有的历史结论，由此显得不那么明确肯定，变得模糊起来。而对这些问题的探索，也超出了历史学家的专业范围，应该交由政治学家、社会学家和经济学家，由他们来分析和解答这一类历史的疑问。

辛亥革命后，中国成为亚洲第一个"共和体制"的国家，这种政治制度的"领先"只能是一种表象，中国传统政治的基因并没有消退而失去其作用。我作为历史学家，注意的仍然是徘徊的现象：1908年，清政府提出"预备立宪"，

1924 年，孙中山提出"训政时期"。两者的相似点我是知道的，都是需要时间，但两者的差异点又在哪里呢？

2011 年 1 月 27 日在瑞士银行（UBS）大中华研讨会（上海浦东）演讲。7 月 1—2 日修改于台北指南山

历史的叙述方式

历史的叙述方式

我的朋友高士华教授几番来信，让我参加《抗日战争研究》的笔谈。他也知道我个人离这个题目很远，没有做过专门的研究，但他的坚持让我感到这些事情似乎是不可推辞的。对他来说真是"勉为其难"，对我来说，只能是外行来做"瞎议论"。读者一不小心碰到了，姑且当作"随便一说"来看待。

虽说是外行，但我对《抗日战争研究》还是比较关注的。这里面有两个原因，首先是高士华在主持（我在后面另外有话），其次是这个政治性很强的题目现在做成了学术性很强的杂志。

以我个人的经验而言，比较晚近的事情应该在政治学、法学、社会学和国际关系论等领域中进行研究，他们有着比较大的倾向性；历史学会比较麻烦，因为它最基本的原则就是中立的原则，避免过度的倾向性。"抗日战争"这个题目，有狭义和广义。从狭义来说，指1931年至1945年中国人民对日本侵略的抵抗；从广义来说，可以向前延伸到1894年开始的中日甲午战争，向宽延伸到明治以来日本政府的大陆政策以及同一时期中国政府的外交战略，再扩大到日本各界在华有"特殊目的"的经济活动和社会文化活动以及中国各界的反应……无论是狭义还是广义，从明治以来，日本对中国做过许多很不好的事情（当然也有好的），使中国在国土、财政、经济、社会、个人命运等许多领域蒙受了巨大的损失，使中国的道路发生了改变，使许多中国人和他的家庭遭遇了不幸。这些都是让中国人民的民族情绪自然扩张的原因。

然而，历史学所追求的，不是义理上的正确，而是事实的真相。揭露和批判是重要的，但这种揭露与批判所依据的事实，是由历史学家来建构的。历史学家要明确自己的责任，从史料基础出发，从史实重建出发，不增不减，不丑化不美化，不从臆测的前提出发，建造出一块块结实有分量的石块。这是我们的学术责任，也是历史的叙述方式。至于这些石块如何垒成坚不可摧的长城，那是政治学家、国际关系学者、经济学家、社会学家、文化学者的事情，历史学家似不必过多地将精力花在此处。长久以来，我们所看到的那些义愤填膺的高论之下，似乎缺乏扎实的根基。数字是笼统的，事实是模糊的，比较少的历史学家愿意做这些最为基础的事情。《抗日战争研究》似乎开始关注这些了，也正在推

　　　　　　　　　　　　历史的叙述方式

动这些，这是让我感到欣慰的。虽说学术与政治不可分离，但多一点学术研究的理性，少一点政治宣讲的腔调，似乎也是学术杂志所需要的。

学术发展到今天，所有的研究都不能是单方面的。我们要注重本国的研究，也要注重各国的研究，尤其是政治对手与学术对手的研究。也就是说，历史学家最关心的是史料，除中文史料外，特别要注重日文、英文和其他语种的史料。研究这一领域的学者，要自觉地意识到外国语言的重要性，加强这方面的训练。

以历史的叙述方式而言，中文史料需得与日文及多种语言的史料相验证，方可被认定结论扎实；从学术争论的角度出发，能够批判对方的观点，非为善之善者，能够揭开对方的史料漏洞，方为善之善也。故善说者，能用多种史料，善战者，能去对方史料之基。研究这一领域的学者，要自觉加强自己的史学训练，尤其是史料阅读能力训练。

只会用一国史料，不能成为研究意义上的巨作；虽有史料，没有史料阅读能力，甚至读错史料，只能成为研究意义上的劣作。《抗日战争研究》有责任帮助年轻的学者意识到他们的缺陷，促进和帮助他们的学术修养与学术功力。

还需要说明的是，日本对于中国和亚洲各国所犯下的罪恶，是国家罪恶。从法理上说，从道义上说，都是不存在追诉期的。历史学家对日本国家罪恶的研究，是有着充分的学术正当性的。但是，战争过去了七十年，大多数日本人并没有犯下战争罪。历史的叙述方式不强调那些煽情的因素，而用更多结实可靠研究成果，让今人（中国人和日本人）读后能自然地发生那种史鉴的体会。到了这个意义上，历史学的功效才能达到最大。

以上所说的历史的叙述方式，都是史学家一般的史学精神。道理应是大家都懂的，真是说说也可，不说也可的。

最后，我还要说明，我之所以写这篇文章，是对朋友高士华教授的祝贺与希望。

当今各大学与学术机构的评价体系，主要看发表，尤其要看在哪一等级的刊物和出版机构发表。这是无可奈何的，其中也不是完全没有道理。在这一评价体系下，许多学者，尤其青年学者，将发表当作最终的目的，生产出大量题目上有新意、研究上没有价值的论文与著作。而应对这一恶流进行制约的，是学术刊物、学术出版社的编辑。他们有着正士风的功用。从学术史上来看，编辑的作用十分重要。然而，学界良莠不齐，编辑界也良莠不齐。一些坏编辑利用手中的发表权，从中牟利；也有一些刊物与出版社，在出版补助的名义下，接生甚至催生了大批学术怪胎。以致到了今天，学者们所看到的学术论文和学术著作，好的少，差的多，一肚子的怨言。也算是我命好，直到现在还没有遇到过坏编辑，尽管也经常收到"代写、包发、通过""核心期刊"的电子邮件。但我听到的坏编辑的事例，经常让我感到喘不过气来。也因为如此，我见到学界的朋友去当编辑，一定会关注，一定会祝贺。现在的学界真是需要好编辑！

由此而祝贺《抗日战争研究》这几年所取得的长足的进步，由此而希望高士华教授与《抗日战争研究》的同仁们都能当个好编辑，多发好稿子，多发年轻人的好稿子，以个人的微薄的力气来抵制巨大的社会恶流。如果更多的编辑和编辑部皆是如此，那么学界的风清日丽是有可能出现的。

后面的这两段话，也请各位读者，尤其是各位作者与编者，姑且不要当作"随便一谈"来看待。

2016年3月5日作于横琴，刊于《抗日战争研究》2016年第1期

培养出超过自己的学生

2011 年，辛亥革命一百年的春天，我在台北的政治大学任客座教授，好友唐启华建议我参加一个年轻人的活动，即"中华民国外交史研究群"的例会。记得是一个晚上，在台北"国家"图书馆一个简易会议室，有着简单的晚餐，十多个来自不同大学或机关的年轻人围桌而坐。讨论的内容我忘记了，只记得讨论的气氛很认真。他们告诉我，他们有着共同的兴趣，有着定期的活动。我也记住了他们中间许多人的名字。

尽管这个研究群后来还邀请我参加他们的活动，但我却没有再去。一方面我此次来台湾的主要目的是写作，须尽可能避开各类活动；另一方面他们都是年轻人，大多数还是博士生，我这般年纪的人到场，很容易引出那种不必要的压力，使他们的例会有所走形。活动虽然没有参加，但我还是比较注意这群年轻人，也通过唐启华了解他们的学术背景与志向，希望能为他们做点事——毕竟是年轻人自发的、没有正式机构提供正式经费与相应保障的学术团体——当然，我也没有为他们做成什么事。

过了整整四年，今年的春天，任天豪（我一直叫他小豪，现在也不小了）写信给我，他们要出一本集子，希望我写一个导言。我这个人从来不为他人写序言之类的文字，此次却毫不犹豫便答应了。又过了几个月，天豪寄来了这部论文集的稿件，我却不知道应如何来写"导言"，毕竟是第一次做这类事情。

这一批论文我大体看了一遍，水准也有高有低，但从学术标准来看，都是中规中矩的——外交史的研究有两条规矩：一是避免过度的民族主义；二是注重档案史料，尤其是多国的档案史料。

任何一国的外交，都是本国利益的最大化。所谓的"双赢"，大多只是理论上的正确，实际存在的却是交换。在帝国主义时代，弱肉强食的行动也罩着文明与野蛮之别的外衣。民族主义是本国外交的基础，也是近代外交官的信念。然而，外交史的研究却不同，过度的民族主义情绪会自我限制研究者的视野，也不太容易得出中肯的历史经验。在中国的近代，除了大量军事失败，还有大量的外交失败，完整准确地总结外交失败的教训，应是外交史研究者给予今人的贡献。我看了这批论文后，能够感受到这批作者"退一步看"的研究态度。对于帝国主义的指责，是必要的，但不是外交史研究的主要目的。准确地说明历史过程，客观地提供各方的动机、背景以及效果，由此让今人感受到其中的教训，才是更具价值的做法。这批论文的作者，看来比较冷静，有点老练，表现出其相对完备的学术素养。

历史研究的最初动因和最终目的，皆是揭示真相。外交活动有着诸多的烟雾，所谓"外交辞令"即对真相的掩盖。由此，外交史研究与其他历史研究相比，更强调查阅其内部档案，以能去伪存真。这一批论文的作者，深明此意，许多人在外交档案中花费了不少时间，也有相应的解读能力。到了甲午战争后期，"三国干涉还辽"，远东的各国之间关系已经不再是单独的两国关系，受到多国外交的制约，每一次事件都可以看到多国对此的外交活动。外交史研究也不能只查一国档案，而需要两国或多国档案来验证。我看了这批论文，感到他们对档案史料的重视，也能查阅外国档案。这是值得肯定的。

我最近的研究方向与外交史还有不小的距离，一时无法对这批论文做更多更准确的评论，尤其是提出批评性的意见。但我从这批论文中看到了一个青年团体的成长，感到心情愉快。

我的朋友唐启华为这批青年学者的成长，付出了相当多的努力。他曾经对我说过他的愿望与感受，对此我感同身受。回想起来，在我们的成长过程中，得到过许多长者的帮助，其中最重要的是老师。我们之所以有今天，与这些长者和老师有关。我们今天是老师，我们今天也成了长者，年龄不小了，我们有责任来帮助有学术志向的青年。启华做得比我好，他花费了许多精力，将来会有所回报：即这批青年人将会脱颖而出成为优秀的学者。年近或年过花甲的学者，总是在观察与寻找有志向的青年，愿意为他们提供相应的帮助，使之能在较好的学术环境中茁壮成长。我现在最大的目标，就是能培养出在学术上超过自己的学生，这也是学者生命价值的体现。

2015 年 9 月 28 日于横琴。本文为廖敏淑主编《近代中国外交的新世代观点》（台北：政大出版社，2018 年）的《导言》

又逢戊戌

1998 年，戊戌变法一百周年，我结束了先前的两次鸦片战争史研究，开始研究戊戌变法。2018 年，戊戌变法两个甲子，一百二十周年，我的研究还没有结束，仍然在路上。

时光又逢戊戌，我也应当想一下，这二十年究竟做了什么，又有着什么样的经验教训？

当我开始研究戊戌变法时，有两位朋友善意地提醒我：一、戊戌变法是所有中国近代史大家都涉及过的领域，很难再有突破；二、戊戌变法的材料搜集和利用，已经差不多了，不太可能出现大规模的新材料。他们的提醒，告诉此处水深，不可掉以轻心。于是，我就做了"长期"的打算，准备用十年的时间来研究戊戌这一年所发生的事情。

我最初的想法是将戊戌变法期间重大事件的史实和关键时刻的场景，真正了解清楚。由此而重新阅读全部史料，力图建立相对可靠的史实，以能从这一基础上展开逻辑思维，即"史实重建"。于是有了《戊戌变法史事考》（2005年，再版时更名为《戊戌变法史事考初集》）和《戊戌变法史事考二集》（2011年）。

也就在这一研究过程中，我感到康有为亲笔所写的回忆录《我史》是一部绕不过去的关键史料，用了整整五年的时间来作注，以鉴别真伪。特别让我兴奋的是，我看到了珍藏于中国国家博物馆的手稿，解决了许多问题。于是有了《从甲午到戊戌：康有为〈我史〉鉴注》（2009年）。

在我的研究计划中，要写一篇张之洞与康有为的文章，所利用的基本资料是新编的《张之洞全集》。文章大体写好，我又到中国社会科学院近代史研究所档案馆查阅"张之洞档案"，准备再补充一些材料。谁知一入档案馆，发现了一大批未被利用的史料。兴奋之余，再度改变研究方向，集中研究这批史料。于是又有了《戊戌变法的另面："张之洞档案"阅读笔记》（2014年）。

以上便是此次集中汇刊的四本书的由来。"史实重建"的想法一直没有变，我在研究中最基本的方法是考据。

然而，考据不是我的目的，"史实重建"亦是为逻辑思维建一扎实之基础。我的最终目标是写一部总体性的叙述戊戌变法史的著作。2011年夏，我为《戊戌变法史实考二集》作序，称言："……我也希望自己能加快进度，在最近的一两年中完成手中的细节考据工作，而回到宏观叙事的阳光大道上来。但愿那阳光能早一点照射到我的身上。"那时，我心中的研究时限已扩大了一倍，即二十年，自以为到 2018 年（戊戌），将会最终完成戊戌变法的研究。

一项认真的研究，虽然能有许多次的计划，但其进度总是不能按照其计划刻板地前进。一个认真的研究者，虽然知道其最终的目标，但总是不能测量出行走路途的长度。2014 年起，我的研究一下子陷于瓶颈——我正在研究康有为的学术思想与政治思想，但不能判断其"大同"思想的最初发生时间，以及这一思想在戊戌变法期间的基本形态。我找不到准确的材料，来标明康有为思想发展各阶段的刻度。直到两年之后，由梁渡康，我从梁启超同期的著述中找到了答案，由此注目于"大同三世说"。我的研究计划又一次改变了。

整整二十年的研究，我对戊戌变法的看法有了很大的变化（自以为是深化）。随着研究进展，在我的头脑中，原先单一色彩的线条画，现在已是多笔着色，缤纷烂漫；原先一个个相对固定的场景，现在已经动了起来，成了 movie。这种身临其境的感受，让我又一次觉得将要"回到宏观叙事的阳光大道上来"，而时光却悄悄地已进至戊戌。

整整二十年的研究，我对戊戌变法的研究也有了新的感受（自以为是痛感）。前人的研究是极其重要的，但若要最后采信，须得投子"复盘"；那些关键性的节点，还真不能留有空白，那怕再花工，再花料，也都得老老实实地做出个基础来。由此，这二十年来，我一直不停地在赶路，经常有着"望山跑死马"的感受。我虽然不知道到达我个人的最终目标，还需得多少年，还须走多少路；但我坚信不疑的是，戊戌变法这个课题所具有的价值，值得许多历史学家花掉其人生经历的精华时段。李白《临路歌》唱道：

> 大鹏飞兮振八裔，中天摧兮力不济。
> 余风激兮万世，游扶桑兮挂石袂。
> …………

戊戌变法是中国历史上的重大事件，一百二十年前，有其"飞"，有其"振"，因"中天"之"摧"而"力不济"；但因此而生、不能停息的"余风"，仍在激荡着这个国家，以至于"万世"，而其"石袂"（左袂）也挂到了高达千丈、象征日出的"扶桑"树上……

2018年1月于横琴，本文为《茅海建戊戌变法研究》套书（生活·读书·新知三联书店，2018年）总序。该套书由《戊戌变法史事考初集》《戊戌变法史事考二集》《从甲午到戊戌：康有为我史鉴注》《戊戌变法的另面："张之洞档案"阅读笔记》合编而成

重庆的"南开"

去年（2015 年）一个很偶然的机会，我去了重庆。由于重庆到澳门的航班是隔日飞的，我也有了一点走一走的时间。朋友带我去看了重庆的"南开中学"。

算是我孤陋寡闻，以前还真不知道重庆也有一个"南开"。著名的南开中学和南开大学都在天津，难道在重庆还有一个比山寨更大一点的"山城版"？

重庆的南开中学位于沙坪坝，1936 年由天津南开掌门人张伯苓设立，并自兼校长。最初的名称是"南渝中学"，即南开与重庆的合名。张伯苓之所以要跑到重庆设校，是因为当时的华北局势。1931 年"九一八事变"后，日本没有停止其侵华的脚步。1933 年，日军攻占热河，继攻长城各口，中国军队顽强抵抗后不支，被迫与日军签订了《塘沽协定》。华北由此已处于险境，天津因此成为前线，日本在天津也有驻军，一旦形势有变，天津南开各校将有可能不保。

这一步先着，张伯苓还真下对了。

重庆的南渝中学开学还不到一年，"七七事变"爆发了。1937年7月28—30日，天津南开各校遭到了日军的野蛮轰炸，建筑几乎全部被毁，校园成了一片焦土。天津南开各校开始其流亡生活。张伯苓逃了出来，住到重庆的南渝。南京的报纸上也刊出广告，宣布有条件离开天津的南开男、女中学生，可以到重庆去继续学业。"南渝中学"随后亦改名"南开中学"，以示其生命之延续。

今天的重庆，修了许多沿江、跨山的高架路，不到一小时的车程，便从曾家岩到了沙坪坝。重庆南开中学的大门，应当是新修的，与重庆一中相对，入门即见校训："允公允能，日新月异"，这是南开各校共同的校训。重庆南开的校歌，也沿用了天津南开的校歌：

渤海之滨，白河之津，巍巍我南开精神

汲汲骎骎，月异日新，发煌我前途无垠

美哉大仁，智勇真纯，以铸以陶，文质彬彬

大江之滨，嘉陵之津，巍巍我南开精神

只是在后面一段咏唱时，宣示其新生命的地点，位于长江与嘉陵江的边上。今天的沙坪坝，商业繁荣，人口密集，与市中心无异；而在当年，却属于重庆的远郊区，进城的交通很不方便。南开中学的老师与学生只能都住校，吃饭也都在食堂，成了全宿制的学校。师生之间，交流很多。

1937 年底，重庆被定为战时陪都，一下子发展起来。教育的需求量很大，重庆南开中学在校学生 1938 年秋达到 1472 人（至 1945 年秋达 1900 人）。这在当时是相当大的规模。战前天津的南开各校（大学、中学、女中、小学）学生加起来也仅约三千人。学校的各种建筑不断修建起来，我们在校区内漫步，可以感到当年规划者的心思，房屋建在靠山一边，中间的洼地是规模极大的操场。学校后遭到日军飞机的多次轰炸，因地形与设计的安排，损失较小。学校也在山上建了据说能藏两千人的防空洞。现在的校园里，老的建筑不多，但留存下来的，我觉得都有保护的意义。

张伯苓真是个大教育家，出手果然不凡，一下子就办出个名校。重庆南开中学很早就建有科学馆，旧楼似已不存。我在现在的科学馆中，看到墙上挂着一幅幅照片，都是院士，约有三十多位。我看着各位的介绍，大多是陪都时期的学生：马杏垣、钱宁、朱光亚、郭可信、楼南泉、邹承鲁、何曼德、周光召、杨士莪……有熟悉的，也有不熟悉的。重庆南开中学的学生是了不起的，除了理工科外，文科的学子有吴敬琏、茅于轼、汤一介、张岂之、郑必坚等，在政界有邹家华、阎明复等，在企业界还有一个张忠谋。一所新学校，在这么短的时间里竟培养出了这么多的人才。我离开科学馆时，想到的是"允公允能"的校训，却迎面看到橱窗中的展示，标明最近几年重庆南开中学毕业生的高考分数……

陪都时期，国难时期，中华民族到了最危险的时候，然而文明不可绝，教育尤不可偏废。最有远见的教育家、政治家为这个国家保存读书的种子，留待日后的复兴。南开大学在流亡过程中，与北京大学、清华大学合并为西南联合大学。这是中国教育史上的奇迹——在这么差的条件下，从1938—1946年，九届才毕业了3343名学生（最少的两届只有二百余人），数量不多，差不多快到了"楚虽三户"境地（"西南联大校歌"有"便一成三户，壮怀难折"一句），却造就了战后中国最重要的一批人才，是后来中国科学院、北京大学等学术机构的领军大将。"千秋耻，终当雪；中兴业，须人杰。"战时的西南联大，是一个单薄的杠杆支架，却撬动了中国科学技术和诸多领域触及世界的前沿。

当我来到重庆南开中学的教师宿舍区，心情不免稍有激动。"津南村"——这个名字提示着他们从哪里来，也意味着他们要到哪里去。在国破家亡的绝境中，他们有着"漫卷诗书喜欲狂"的信念。而就在这里，我觉得现实与当年或可穿越，精神相通。战前天津南开的教授宿舍已毁于战事，我不知道是什么模样，而津南村的房子在陪都时期应当算是很不错的，看起来有点像战前清华大学的教授宿舍。张伯苓当年就住在这里，也尽一切可能为重庆南开的教师们提供最好的生活条件。

教育是培养人的，教育是国家的希望。1807年，普鲁士王国惨败于拿破仑，威廉三世国王挽救普鲁士的重大举措是设立一所新的大学。1810年，柏林大学开学，在德国最伟大的教育家洪堡兄弟领导下，很快成为世界上最优秀的大学，奠定了普鲁士再度复兴的学术与知识的基础。张伯苓等一批了不起的教育家们心念于兹，重庆的南开中学，昆明的西南联大，那些在中华民族最危险的时候苦苦支撑着的优秀教育机构，中华文明得此而弦歌不辍。

在这个名单上，还应加上四川省南溪县的李庄。那里有中央研究院历史语言研究所和社会科学研究所，有傅斯年、陶孟和、梁思成、李方桂、董作宾等一批优秀学者，依然进行着他们的研究，学问得以延续而生生不息。也就在这个小小的李庄，还有一个同来避难的同济大学。我一直坚定地以为，中华民族最危险的时候，不是那个苦难岁月，而二十多年后的那场"文化大革命"。

中国有不少好的教育家，但像张伯苓那样出手就有的，并不多见。在津南村，我想起了梅贻琦。他是天津南开中学的学生，也用过清华庚款留美。西南联大时期，梅、张与蒋梦麟同为学校的领导层，也算得上是患难兄弟。梅贻琦当年执掌清华大学，不经年间，将之变为中国最好的大学；至西南联大，张、蒋放手于梅，又放射出一段光芒；到了台湾后，再办清华大学原子科学研究所，为后来的新竹清华大学立基，人生的晚霞达于光华。可他是一生都是个澹泊宁静的人。2011年的一个大清早，我在新竹清华大学的梅园，一个人静静坐着。和风习习，芳草萋萋，我感到这里与北京清华大学跳着同一颗心。

1946年3月，张伯苓离开津南村去美国访问。1948年11月，他请辞国民党政府考试院院长一职，回到了津南村，住了一年半。小蒋（经国）与老蒋（中正）都来过津南村，请他去台湾，而他却放不下南开。1950年5月，张伯苓离开津南村，8个月后，1951年2月，在天津去世，最后一段日子过得不太平静。

于私德而言，张伯苓是可以找到优点与缺点的人，梅贻琦优点不明显，缺点几乎找不到；于公行而言，他们两人都是巨人，南开与清华是其丰碑。他们的名字与事业相连，当传之千秋。正因为教育属千秋事业，重庆南开的学生业绩、新竹清华的研究成就，都在他们去世后几十年才真正展现出来。人很少能活到百岁，却说要"百年树人"，讲的正是终身之计。大教育家根据自己的信念来做事，不太注意眼下的评价，让后来的历史学家来记录其功过。今天各位名校的校长们太注重眼下了，没有负辱承重的能力。我百分之百地能够理解现在学校须得关注高考分数及各类指数，关注排名榜，甚至关心有多少学生考上北大和清华，但这些大多与各种利益关联紧密，与教育的本质关联较少。我在北京大学教书时，遇到过不少会考试的学生，却做不出研究。教育家不能看太近了，还须往最远处去看，才能见着"巍巍精神"之宅。曾经使用过清华庚款的钱学森，向毕业于天津南开中学的温家宝提出那个著名的问题时，心中未必没有答案。后来，我来到美国的斯坦福大学——铁路大王老斯坦福为纪念早逝的儿子，倾其家产为青年人建起的以其儿子命名的大学，坐在该校美轮美奂的教堂里，我又想起了津南村，两个地方吹拂着同样的风。

今年是重庆南开中学八十周年的校庆，陪都时期建造的津南村，或也成为危房。它们还能保留下来吗？

我现在的领导兼同事冯达旋教授，新加坡人，是一个热心公益的教育家，曾经当过许多名校的副校长，包括新竹的清华。他的一个重要的优点，就是经常将其访问、会面、讲学时得到的感受与心得传播给大家，劝诱之兼分享之。他曾经写道，他与另一名重要学者在湖北省图书馆报告厅宣讲教育的理念，听众极为踊跃，满满当当，不少人站着或坐在地上，还有一些人坐高铁专程赶来……我亦为之感染，作复曰："中华民族具有重视教育的传统，这是一个优点。中国现在有一千个缺点，但有了这个优点，就可以遮去九百九十个缺点。"

2016 年 8 月 10 日于横琴，刊于《南方周末》2016 年 8 月 25 日

逝去的人们

今天（2016 年 2 月 22 日）是元宵节，新年即将过去。坐在研究室里，回顾过去的一年，浮面而来的，却是那些逝去的人们。一年年的年关过去了，年龄也在一年年地增加。我已进入了老年，送走的不仅仅只是尊者与长者，也开始送朋辈了。

奚 原

奚原是我的老长官，曾任军事科学院《中国大百科全书·军事卷》编审室主任。大我 37 岁。2015 年 10 月 14 日去世。

奚原是一个老革命，很早就从事学生运动，1938 年到延安，后来去新四军工作。五十年代初，任华东军区政治部秘书长。1957 年，他转业到上海历史研究所任党委书记，后又任复旦大学党委副书记，很可能还担任过复旦大学历史系党总支书记。也就是这个时期，他与我的老师陈旭麓先生相识。后来，他去了北京，再后来，去了军事科学院。

我在华东师范大学读研究生的时候，陈老师处于人生低谷。系里的负责人借各种名目进行打压，我们在校学习时，为了不给老师添麻烦，做人是很低调的。到了1982年秋，研究生毕业找工作，留校是不可能的，我当时还是军人，由总政分配，陈老师就给奚原写了一封信。奚恰好主持《中国大百科全书·军事卷》的编纂工作，便让我到他那里去。从当时的各种条件来看，是他收留了我。

军事科学院是一个级别很高的单位。首任院长兼政委叶剑英元帅，长期就住在院内，副院长是粟裕大将（后改任政委）。我去时，院长是宋时轮上将，院领导中也有一些是开国的高级将领，记得有刘震、舒同、郭化若、张翼翔等人。我所在的《中国大百科全书·军事卷》编审室，是军一级的单位，主任是奚原，副主任是李静（原总参作战部副部长、海军舟山基地司令，老少将，正军级）、王文（原民航副政委、兰州军区空军副政委、司法部副部长，老少将，副兵团级）、金子谷（原总参谋长粟裕、罗瑞卿的秘书）、李久胜（原某军副政委）。记得报到的那天，政治协理员带我去见奚原。在四楼一间很小的办公室里，一个很和蔼的老人与我很友善地谈天。他问我住在哪里，我说住在"六部口"，便告诉我可以坐班车，下班时会有人带我走。过了没有多久，另一位老人来到我办公室，让我下班时在办公室等他，一同坐班车。后来我才知道他是金子谷副主任，而我只是一个连职助理研究员。

我在军事科学院一待就将近七年，工作比较忙乱，个人的学术成就很小。我自然不安于位，多次向奚原主任要求离开，他总是劝我，称军队待遇好，到地方不适应、不合算等等。我也曾让陈老师向奚主任提出此事，以能通融；但奚一见到陈，大夸我，并称要重用我，弄得陈反而开不了口。一直等到奚主任退休，郭部长上台，我才找到机会离开，于1989年去了中国社会科学院近代史研究所。也算是奚主任说对了，工资只有原来的一半。

正是在军事科学院工作的七年，我得以就近了解奚原。

奚原有着当时老革命的全部优点。一、工作全心全意。别人都有上下班时间，他的下班时间要比别人晚很多，也没有什么节假日，我看他总是在办公室。除了百科全书的工作外，他还是三野老人们认可的笔杆子，许多署名文章出自他手，或经过他的修改。二、生活极其简单，每天骑个破自行车来上班。我曾批评说"除了铃不响哪都响"，他却很认真地反驳说"铃还是响的"，"我是注意安全的"。他吃得也简单，带一个饭盒，中午让公务员热一下。那时还没有微波炉，热饭是要到开水间的。我多次去他"娘娘府"（地名）家中，家具都是公家配的，似乎没有什么私产。三、遵守各种纪律。他对许多事情都有自己的看法，但很少会说出来，更少听到他的抱怨（后面还会提到）。

奚原有着上海旧文人的一些特点。他写字用毛笔，批文件又多用红色，用那种椭圆形的朱墨锭研磨。我私下称之为"朱批"。办公室里有着多种小楷毛笔，但很少见他写大字，写书法赠人。他的个人爱好是篆刻，有着多种刀具，出差时也转到青田去买寿山石。我看过他刻的印章，但不太懂其中的门道。他说过要帮我刻一印章，我又何敢，连连推谢。他有一些收藏，多是各类小件，有一些是瓷器，我也是在他家中第一次听到"薄壳磁"等名词。他对其收藏的介绍，有两点我记得很牢，其一是他自称是"假的多真的少"，说明自己不是很精通；其二是称许多东西是在上海的地摊上买的。五十年代时，一些人缺钱，好东西放在地摊上就卖了，他也没有很多钱，看着喜欢也就随手买了。我离开军事科学院时，他送给我一个紫砂壶，说是纪念，直到他说"不贵"时，我才敢收下。

奚原有着当年革命青年的正义感，对高层政治有着个人的经验和体会。他本人已是高官，又长期在高层机构服务，执行过党的特别任务，也因冤屈坐过牢。许多事情今不见于正史，对我们而言是"所传闻"，对他来说是"所见""所闻"。我听说，他在上海工作时因细故得罪×××，田家英根据毛泽东的指示写《中国史稿》新中国卷，由此调他入中央政治研究室的写作班子，躲过一难；此后他再找三野的老人，到了军事科学院战史部。他与许多高官和文人，有着长久的私人的交往，对许多高层内幕十分了解。他平时对此不愿意多说，但从他有限的讲话中，我可以听到许多与传统党史不同的东西，可以感受到一个追求理想的青年到了老年时仍是理想不灭，浩气长存。这对于学习和研究历史的我，是有很大启迪、很大帮助的。随着与他交往的时间增长，我越来越感到他的年轻。我第一次见他时，他已经65岁，到他退休时大约也70岁了，可他那外在的神情和内在的精神，一点都不显老。也正是这些，奚主任在我的心目中形象伟大。

奚原退休后，多次提到其写作计划，特别注意其中的系统性和理论性；我因职业之故，比较希望他写一本真实的回忆录，从革命者的亲身经历来说明革命的本身，亦曾有过多次劝说。但我是研究近代史的，主要是清朝历史，革命史与我的距离比较远，说说也就罢了。我的同事刘统，到了军事科学院后从历史地理改为研究中共党史和中国人民解放军史，与奚原的交往较多，受益也较多。刘统的著作中洋溢着许多当年投身革命者的思绪与情感，很可能是与奚原这些老革命交往甚密而近朱者赤。

奚原去世的消息是刘统告诉我的，并让我写点东西来纪念他，我因许多事情时隔二三十年而一时不知说什么好。我总觉得，像他那样时代的知识青年，像他那样真心投身革命者，像他那样保持革命青春者，本来就不多，今后大约也看不见了。

沈渭滨

沈渭滨是我尊敬的历史学家，复旦大学历史系教授。大我17岁。2015年4月18日去世。

我与沈渭滨的相识，在陈老师的家中。那时他经常来，主要是谈学术，同时也谈点人生的不平。学术是陈老师的本色，当时主要思考"新陈代谢——中国近代社会变迁"这一体系。他与学生谈，大多只能是单行道，很难引起共鸣；沈有一定的阅历和知识积累，以我从旁边来看，他们谈起来还是蛮投机的。

沈渭滨是上海县七宝镇人，就学于上海师范学院，毕业后任七宝中学老师（听说是教政治）。他肯用功，有文采，时常有发表，陈老师很欣赏他。"文革"后期，陈老师在复旦大学编写中国近代史的小册子，将这位非名校毕业、乡下中学的老师调入复旦大学历史系，当起了名牌大学的老师。从世俗的眼光来看，这里面的差距还真是有点大。也因为此类先天性的"不足"，他在复旦有点"难"，时常会有点不愉快；而此时陈老师处在严重的"落难"期，也经常会有许多很不愉快。他们是同"情"人。由于互相太熟悉，太了解，两人所遇到的"不平"，见面时好像也没有必要多谈，心照而不宣。

说是沈渭滨"经常来"，也是相对而言，我见到的，大约有三四次。当时的上海，没有私人汽车，没有地铁，公交很麻烦，人称"轧（挤）车子"。沈渭滨住在七宝镇，到复旦上课要两小时以上。从复旦到华东师大，或者从七宝镇到华东师大，都需要很长时间。当时没有电话，见面不太容易。

我从华东师大毕业后，到了北京，参加《中国大百科全书·军事卷》的编纂工作，主要是中国近代军事史。记得在北京开编审会，奚原主任邀请陈老师参加，沈渭滨也是评审专家，军事科学院战争理论部张一文研究员代表撰写单位，是受审的一方。会议开了好多天，沈是最活跃的人，也是发言最多的人，我有了就近观察的机会，觉得他很聪明很机灵。此后，我去过七宝镇浴塘街，看到了他号称"90个平方"的住房（当时的上海，人均住房大约3平方，是让人极其"羡慕嫉妒恨"的），书是有地方放了，只是人上厕所会很不方便。

我当时听张一文说，沈渭滨有一个很大的研究计划，同时在写好几本专著，其中包括辛亥革命、鸦片战争、孙中山、太平天国等，也在编写大事记。按照张的说法，是"十八颗夜明珠"。我还听到许多人说，沈非常勤奋，每天工作时间很长，相关史料收集也很多。我直接看到而印象深刻的是他一本本的稿子，纸面整洁清楚，字写得很端正，几乎没有错字。他是一个讲究的人，到他家去，他会准备一番，穿上西装，打上领带，招待客人的小点、大菜，无不精细。我还听沈渭滨说，张一文来上海，住在他家，一早出去逛七宝镇，买了两条鱼回来。沈见了大叫，这两条鱼都是死的，死鱼不能吃，还称"你们这帮人在北京过得都是什么日子！"从这些方面来看，沈是很合适研究历史的：好的历史学家会有庞大的计划，有勤奋的工作，当然也会非常注重细节。

然而，对沈渭滨来说，新的时代又到来了，也是其壮志未酬的命运使然。

上世纪的五六十年代，即中国近代史的研究起步之初，高度政治化使得这个学科的学术性得不到彰显。"文革"结束后，学术性突出了，但资料上却有很大的局限。沈渭滨是注重史实的，方法论上属于史料派。他最具学术创造力之时，是上世纪八九十年代，恰是出版困难、学术资料出版尤其困难的时期；他住在七宝，没有办法方便地利用大学图书馆和上海图书馆，更难利用中国第一、第二历史档案馆及世界各大档案馆；得了脉管炎之后，出门也很不方便。仅靠其家中的藏书，虽然买了很多，但要达到他心中的学术目标，中途还有许多处的断桥。我在他的家中，看到他还在使用《清光绪朝东华录》时，心中的感受难以言表。进入21世纪后，学术又发展到网络、电子版图书与数据库的时代，即历史研究的"大数据时代"，对他提出了更新的要求。我想，沈对其研究状态无法自我满意，那些在手中琢磨很久的夜明珠，渐渐地放下了，直到最近陆续出版时，仍有一些旧日的痕迹，不免让人有美人迟暮之感。也因为如此，当我听到沈渭滨去世的消息，给姜鸣发了一条短信："沉痛悼念沈老师！他在史学界与史学青年心中留下了人生的痕迹，表现出那一代学者的学识与良知。"

由于沈渭滨在复旦大学的处境，很晚才可以带硕士生，没多久就退休了。他真正的入室弟子并不多。但是，沈是很喜欢带学生，也是很能带学生的，如果给他以机会，他将带出一大批优秀的弟子来。我这么说是有事实根据的：在上世纪八十年代初，他组织了军事史研究小组，吸引了一些有志向的青年，其中有姜鸣、刘申宁、郭太风等人。这批人应该都有很大的前程，却在不同的时期有着"天择"与"自择"。郭太风英年早逝；刘申宁已南下深圳，成了收藏家；而姜鸣早已离开史学界，从事过多种行业，却一直在"业余"认真进行晚清历史的"典型书写"和"非典型书写"，我也认真地阅读过他的大多数著作……

我从北京回上海工作后，与沈渭滨有过多次交往，在他题写招牌的七宝"塘桥饭店"吃过好几次饭，也在七宝镇上另拷过七宝大曲。在老镇上，见到很多人都跟他打招呼，按照杨国强的说法，他过着乡绅的生活。他的字是写得越来越好了，刚中有柔。最佳者为小楷，到了这个年龄，手容易抖，写小字很不容易。我也多次向他索要墨宝……

褚钰泉

褚钰泉是我的朋友，编辑，曾主持《文汇读书周报》，也是《悦读》的主编。大我 10 岁。2016 年 1 月 9 日去世。

我认识褚钰泉，因他是陈老师的女婿。陈老师丧偶多年，长女陈林林一直是他的依靠。吃饭穿衣，出门时的行装，多由林林操持。每次陈老师请我们吃饭，都是林林做的。林林出嫁后，经常是下班后先回父家，然后再回夫家。那时上海的交通不方便，每天这样跑来跑去，真是很花时间。我在陈老师家中看到褚钰泉，只见匆匆来匆匆去，虽然没有说过话，但能感到他对林林的体贴。他是一个好丈夫。

褚钰泉那时在《文汇报》工作，我因很少给报纸写文章，也很少与他打交道。他后来办《文汇读书周报》以及组织各种社会活动，生意做得"蛮生猛"，但毕竟一个在上海，一个在北京，平时见不着，我只是听听而已。这些听闻加起来，感到他是一个好编辑。

我从北京回到上海后，与褚钰泉见面多了起来。可我是一个生性淡泊的人，很少与人交往，说是"见面多了起来"，不过就是过年时吃一次饭。从饭桌知道，他从《文汇报》退休后，一个人办了一个杂志《悦读》，最初放在文汇出版社，后来转到江西南昌的二十一世纪出版社。

编辑是一个很重要的职业，我的许多朋友都从事编辑行业，到了最后我太太也去做了编辑。从许多角度来看，当编辑是很吃亏的：作品是作者的，编辑所做的工作大多是技术性的，常言道是"替他人做嫁衣裳"；十多年前当编辑，收入要比当学者高，现在很可能是相反；而这个行业中的人，良莠不齐，许多坏编辑利用发表权，谋取私利，好编辑只能安贫乐道。然而，若从大的方面来看，编辑决定了作品的质量，一个出版社的好坏，一份报刊的好坏，都在读者的心目中，都在学界的口碑上，最后也会从市场上反映出来。最好的作品，大多出自无名小辈，需要编辑的眼力；最好的作者，都会犯各种大大小小的错误，需要编辑的手力。正因为如此，我对编辑十分尊重，在我的成长过程中，得到了许多编辑的帮助。我听说过许多坏编辑的事例，也算我命好，到现在为止，我还没有遇到坏编辑。

褚钰泉主持《文汇读书周报》十六年，将一份新的小报，办得有声有色，知识界中好评如潮。好编辑的本事一下子显示出来。然而，话也可以说回来，《文汇读书周报》毕竟依托《文汇报》，在上世纪八九十年代读书似乎还是年轻人的"时尚"之一，网络等新媒体还没有起来，纸媒体仍处于黄金时代……所有这些似乎可以说明，如果不是褚钰泉，换个人来办，也是有可能做好的。到了褚钰泉单枪匹马办《悦读》时，大约没有人可以再说这样的话了。一个人，在家做，编完一册，去一次南昌；没有机构的支持，也没有机构的制约；"时尚"已经过去，但读书人依然存在，纸媒体不会完全消失。我听到了这些介绍，不由地肃然起敬。当《文汇读书周报》令人惋惜地不再单独出刊时，《悦读》又悄悄渐入佳境……

这就是好编辑——他有读者，他有作者。读者喜欢他，走到哪里，便跟到哪里；作者相信他，愿意将好稿子给他。好编辑的位置就在读者与作者之间。

这就是好编辑——年纪大了，从工作岗位到家中，手上的活却放不下来。不为收入，也没有世俗的利益，每天忙忙碌碌，只是为了个人的兴致。编辑成了终生的职业习惯。

由此，我这个不太愿意写"随笔性"文字的人，开始给《悦读》写稿，也就是给褚钰泉写稿；他寄来的《悦读》，我也会习惯性翻看。当我在上个月改完一篇发言稿《晚清的思想革命》，心想是否可以放在《悦读》上发表，心想褚钰泉是否会觉得合适……

褚钰泉走得很突然，心脏病，很短时间便失去了生命。这与陈老师很相似。而他离开后所发生的世情，也有些相似之处。《悦读》还会存在吗？好编辑可越来越少了。

李秋江

李秋江是我的同学，小学同学和中学同学，下岗工人。与我同岁。2016 年 1 月 25 日去世。

人老了，小时候的事情会记得更牢些。我刚从全托幼儿园出来，到上海市海宁路第一小学上学，心情是很紧张的。主要原因是幼儿园讲普通话，我上海话说得不太好，与同学交流有困难。开学没有多久，李秋江从福建转学过来，他也不会讲上海话，两人很容易要好起来。当然，很快我们上海话也说得很好，交流主要讲上海话了。

那个时候的小学，由于人口爆炸，实行两部制，一个学期上午上课，一个学期下午上课。不上课的半天，开小组会，到有家长、住房比较大的同学家里学习。所谓小组会，就是几个同学一起做作业，一起玩，有家长的还管一管，没有家长的就以玩为主了。李秋江的父亲是海军东海舰队后勤部参谋长，在我们这个学校算是很高干了，家里也比较大，比较合适开小组会。小组会成员也经常变动，有几个学期，我在他家开小组会。

那个时候的小学，作业没有那么多，也不排名次。李秋江和我，在成绩上大约是中等偏上。班上五十多位同学，我们的排名可能是十几二十位，家长对此好像比较满意，没有太多的催促。到了三年级之后，每个班上都会有留级生，多时会有两三个。同学们自然不会喜欢留级生，但也不会歧视他们，一样玩。而在李秋江的家中，有值得学习的榜样：大哥被著名的哈军工（哈尔滨军事工程学院）提前免试录取了，据说是学习核物理，我看到他神气地戴着长毛的皮帽子，心中很羡慕；二哥的事迹登了上海的《青年报》，上海市三好学生，爱好竟然是天文学，还自制了一架夜观星空的望远镜！

从七岁开始，我与李秋江是一个班，交往很多，吵闹也很多，都属于童年时代的正常情况。两边的家长也互相认识。

由此一直到了五年级，1966年，"文革"开始了，情况发生变化。

首先是学校不上课了，我们还是小学生，没有办法像中学生那样去"串联"，眼睁睁地看着比我们大一两岁的中学生去了北京，去了井冈山和延安，甚至去了云南。其次是一些同学家庭受到了冲击，一些小学生也去模仿"抄家"，甚至让同学的家长交出手枪。再次是一些干部也受到了冲击，李秋江的父亲一开始还属于革命干部，到了运动的中期，就当作"叛徒"被揪了出来。

过了两年，我们上中学，没有考试，被安排到为了应付人口爆炸而新建成的海南中学。我们是第一届的学生，不在一个班，仍然在一起玩。那时中学不怎么上课，上课时学生也经常不来，学校还组织了"学工"（一个学期）、"学农"（一个学期）。在这些"阳光灿烂的日子"里，李秋江和我等一批同学迷上了军棋（四角大战），经常不上课而躲在李秋江家中下棋。另一项着迷的事情是偷看各类图书——当时各个中小图书馆被抄，图书在私下渠道秘密流传——我在那个时期差不多读完了中国现代文学、翻译的俄罗斯文学乃至英、法、美文学，这批图书流传的速度很快，在我的手中常常只有一两天，甚至半天。又过了两年，我去当兵了；李秋江因二哥、姐姐去了黑龙江生产建设兵团而留在上海，在中山北路的耐火材料厂里当了一名窑炉工。

这些都是普通人生活中的普通故事。

以后，"文革"结束，高考开始，我的同学们纷纷考上了大学，但李秋江因父亲病重需要照顾，而他的母亲已经去世，真是父子相依为命。他没有时间去复习（实际是学习），错过了人生最好的机会（后来去上了夜大学）。他那时还是个文学青年，买了许多文学书，也与我谈过写作计划，但执行得很不好。也因为这种经历，他有了照顾病人的经验，帮助过同学家的一些老人。

再以后，我去了北京。李秋江还经常来我家，看看我的父母，帮我家做一些需要出力道的事情。我回上海时，相约见面。我的孩子最初放在上海，很皮，谁都管不住，却很怕他，一听说"李秋江叔叔来了"，马上就变得老实了。上海渐渐进入工业调整期，李秋江所在的工厂，一开始是停产，他去了"三产办"，过了几年，买断工龄，他下岗了。

又再以后，我从北京回到上海工作。虽说在一个城市，但平时很少见面，每年春节时，大家一起吃个饭，说点往事和时事。

去年春节时，我们一起吃饭，我也照常送点烟酒，饭桌上最重要的话题是健康。李秋江刚过 60 岁，总算享受了退休的待遇，领到了退休金。我开玩笑说，"你的好日子总算开始了"；我刚去澳门工作，他让我"自己一个人过日子要当心点"。可过了没多久，他被查出肺癌。在第一人民医院的病房中，我看到了刚刚手术后的他，十分憔悴。我嘴上全是好话，心中全是悲伤。此后我回上海，两次去看他。最后一次是今年 1 月 8 日，两人嬉笑言谈多时，谈到了股票与政治，离他去世不到二十天。

这些还是普通人生活中的普通故事。

李秋江去世的消息，家人与同学没有立即告诉我。春节前，我从澳门回到上海，第二天家人才极其委婉地相告。我虽然有思想准备，但听到这个消息仍是至悲至痛而无泪。2016年2月5日，我与同学和李秋江姐姐迎骨灰送至其家中，心中的伤感一下子发作起来——这是我小学一年级就来过的地方，前后已达五十五年！相关的仪式结束后，我独自走在这个小时候生活的区域——百官街、昆山花园路、昆山路、乍浦路、蟠龙街、塘沽路、四川北路、武昌路、西街、海宁路、武进路、虬江路……从这些地方的变和不变中感受到了我生命的轨迹：在我六十多年的个人历史中，看到了太多的社会的大起大落，在我研究的中国近代历史中，看到了太多的国家的激荡风云，由此更加珍惜那种人生的安然平静、社会的和风熙阳，更加珍惜那种普通人之间亲情与友情，更加珍惜人性中正直与善良。同学关系是特殊的，不夹杂着利害；同学之后的长久交谊，更多一些人性中的本色。我与李秋江的交往超过半个世纪，友情中包含着个人的全部生命体验，真实而自然，最为难得，最可珍惜，让我怀念。

这一篇文章我断断续续写了好几天了。写到此时，天色已黑，人们已离去，办公楼里变得十分寂静。我在电脑上放了一曲门德尔松（Mendelssohn，1809—1847）的小提琴协奏曲（e小调，op.64）——"文革"时，同学的妹妹学习小提琴，他家偷偷播放一批小提琴演奏的黑密胶片，有门德尔松、勃拉姆斯、圣·桑、贝多芬、莫扎特等人，我和李秋江一起听过许多次，正是在那个时候我开始接触到西洋音乐——这是我在那个时代听到的最为美妙的音乐。许多记忆模糊的往事，随着音乐变化而不断地在眼面前展现，眼泪不知不觉地流了下来。

2016 年 3 月 2 日晚于横琴

思想比生命更长久

今天举办"陈旭麓先生诞辰百年暨逝世三十周年纪念会",来了许多人,也说了许多话。一个人走了三十年,还有这么多人来纪念他,本身就能说明许多。

十年前,也是这个日子,也就在这个地方,举办了同样主题的会议。今天许多参会者,十年前也来过。十年前的往事,一幕幕如昨天那样清晰可见。记得李蓓蓓教授宣布,杨国强教授将加盟华东师大。十年过去了,杨国强也年届七十而易位。陈旭麓先生正是在年方七十而不幸去世的。过去可以说"人生七十古来稀",而我们只有到了这般年龄才能真正地体会到,七十岁恰是一个历史学家的超白金年代,达到其一生思想与学术的巅峰;我们只有到了今天才能确切地衡量出,当年的这种不幸,又是多么重大的损失与灾难。

前几天,我要回上海参加这个会议,三联书店的编辑孙晓林告诉我,陈先生的著作《近代中国社会的新陈代谢》

今年已经销售了四万多册，年底有望突破五万，"很能说明陈老师在读者中长久而强劲的影响力"。一个月前，我在日本长崎，长崎大学的祁建民教授对我说，他在南开大学的导师魏宏运认为陈先生是他们那个年龄段历史学家中最具才华者。由此回想到十多年前与金冲及教授的长谈，说到许多陈先生的往事；回想到二十多年前与朱维铮教授的初次长谈，多次言及对陈先生的回忆；回想到近三十年前，我那时多次去李新教授家，谈论的主题正是陈先生。可以说，这三十年来，我遇到过学界或他界的许多人，只要与陈先生有过各种交往者，都会主动跟我谈起陈先生。我也因此听到了许多版本的故事。

陈先生又是什么样的人？会有着如此长久的魅力？我还需要加以说明。首先是其貌不扬。三十多年前他到北京，他的好友奚原同志将自己的配车与司机交给陈先生使用，还特别关照司机，来的是一位大学者。司机和我一起去北京站接他，事后失望地对我说："这就是大学者？我看与老农民也差不多。"其次是他的话很难懂。他讲的是湖南湘乡话（据说是湖南话中最难懂的），与人交流会出现许多麻烦，我自己都当过多次翻译。然而，这些因素好像都不太起作用。陈先生以道德文章立身，他之所以被人们不断想起或说起，显现出来的，是那种思想的力量。

思想比生命更长久。生命将会过去，也必然过去；思想却有可能长存。那种具有魅力而长存的思想，不是那种短暂的火花，而是能够照亮人们心灵的长亮不绝的光。

三十年过去了，许多人还在读陈先生的书；与他有过交往的人，还在继续谈论他。尽管斯人已逝，且已行远，而思想的感召又让人感到他似乎不曾离去。

今天在座的，有许多是陈先生的学生，受到过陈先生的教导。若稍稍细心地观察一下他们，就会发现，陈先生的学生真是各式各样，从学术思想到学术方法都大不相同。

为什么一个老师能够培养出如此大不相同的学生来？

我过去多次说过，我在陈先生身边的两年，受教甚多而受其影响甚大，但我想不出那种可以让我终生受用的警句格言——"大音希声"，这是对我个人而言的。陈先生各位学生的硕士论文题目（他只能带硕士生）是多种多样的，也自然有着不同的思路、方法与学术取向——"大象无形"，这是对他的整个学生群体而言的。然而若要达到这样的境界，为师者又须得有多大的功力？"夫唯道，善贷且成。"现在许多学者有意建立自己的学术体系，让自己的学生各占一块或各把一方。这样的学生只能是老师的从属，从问题意识到内容叙述，都会与老师有着同一性。如此培养学生，颇具时效性，却少了后发性。过了十年、二十年、三十年再来看，很可能会出现"物种的退化"。

我是从中山大学出来的，受考据学的影响较大，当时还是"全盘西化论"者（现在当然已不是如此），与陈先生的志趣相距甚远；但我在陈先生那里，没有感受到任何压抑或压力。从论文选题到研究志趣，我都得到了轻快的认可，似乎是一只自由自在的羊；三十多年之后再回忆，我何曾不受到陈先生的影响，何曾不受到陈先生的规限。他才是真正的"良牧"。

思想的影响与传播只能是浸润式的，化于无形之中。那种规定性、训导性的教诲，只有一时性的效用。风过了，天色变了，不会留下太多的印迹。一种思想若真要影响到他人，须得有非常强大的逻辑力量，可以拆，可以分，却又能重组而重生。对一个历史学家思想的检验，最好的方法仍然是历史——放他个三十年，看看还有没有思想的活力——也正是从这般长度的时间检验中，从陈先生个人生命的历史，来考察他所叙述的历史，再多次咀嚼他对历史的判断——陈先生的思想就是这样而放射出它所具有的长亮不绝的光芒。

陈先生是有其思想体系的，而这个体系又是在他的生命经验中产生的。何泽福教授对我说："新陈代谢""社会变迁"的思想，是陈先生在文革的困境中形成的。按照我的理解，这个体系或这个学说最大的特点或最重要的意义，在于解释倒退，说明反动。中国近代社会是不可能直线式发展的，倒退与反动是历史的必然，是不可避免的；然而从长久来看，进步又是必然的。说实在的，在学期间我对陈先生这么庞大的建构是不太理解的，只是在听，只是吸取，与陈先生的谈话只能是单行道。我记得陈先生与沈渭滨教授交谈时，有着愉快的思想互动。

我在陈先生身边的时间不长，1980—1982年，也是他一生中比较不幸福的时段，但我很少听到他说起个人的不幸。当时系里和学校发生的诸多事情，我是听了何泽福教授的叙说，才稍有了解。我在陈先生那里获得的，是他对整个中国近代历史的分析，是对中国命运的思考。时过三十多年后，人们所能感觉、感动、感而接受的，恰是当年陈先生在个人逆境中的思想不断开拓的力量。

　　我从华东师大毕业后，去了军事科学院，后又去中国社会科学院。1999年，我到北京大学，开始了我的教书生涯。我做老师的时间比较短。我的硕、博士学生现在大多是副教授，个别是教授。前几天，我的一个学生告诉我，他明年可能升教授。我知道他是想让我放心，但仍忍不住地告诉他：我关心的不是你什么时候可以升教授，而是你的学问与学术贡献。我也再次讲起了陈先生的故事——我的老师那时只是一个副教授，但他的心中却装着自己的国家。

　　本文是作者在2018年12月1日"陈旭麓先生诞辰百年暨逝世三十周年纪念会"上的发言。刊于《澎湃·上海书评》2018年12月3日

后 记

年纪大了，"成熟"了，说话与做事都不想"冒尖"了。"耳顺"之后尤是如此，只想在平静的生活中做点平实的学问。

大约过了"不惑"之年后没多久，有一天突然想到，我不要再去说那些有深度有深意的话，即不必多做深论。史家的本事应是为史，史实就是第一位的，于是开始了"史实重建"的工作。从追求卓越到追求平常，境界一下子不那么高尚，学术档次也下降得比较快，亦有一些朋友为我而担心。我却以为，平实与平静似也属于一种可以追求的境界——当你看到了世上的极光，再多的感慨与叹息也会自然地离你而去。

所谓"史实重建"，就是繁琐考证。结果是文章越写越长，读者越来越少，谁又愿意花那么多的时间来阅读一百多年前的那些细细碎碎？真是繁琐走到了"烦琐"。如今的时尚是手机阅读，简短是第一要义，我又与时代潮流逆向而行了。"史实重建"的另一后果是追求史实的"真实性"，这在历史学界已经被证明是不可能之事。明知不可为而为之，真是自找苦吃，平白无故地给自己添了许多压力。

正是因为我那些繁琐考证的文章非常不好读，到了演讲时，还必须得做出个简本来。本书中《康有为的"大同三世说"》《康有为与"进化论"》两篇，就是将原来的多篇或长篇学术论文改写成的演讲稿，只是那些大段而拗口的引文，在演讲时自可用口语来表达，若在书面语中再翻译一遍，实属累赘。遇到了那些应该出席或不可不出席的会议，总得讲点大家能够听得下去的话，以能"证明"自己的专业性质。于是，我写了《知识的差距——从马戛尔尼使华到刘学询、庆宽使日说起》《甲午战后远东国际关系与中日关系》《1759 年洪仁辉事件与澳门的角色转换》《晚清的思想革命》《辛亥革命一百年》。有机会到了一些新奇或心仪的地方，心情自然荡漾，若是能够重返历史现场，更是激动人心。但我却写不出那种严密考证的文章，结果便出现了学术水平不高的作品：《张库大道与西伯利亚大铁路》《在越南的学术访问》《重庆的"南开"》。还有一些小文，虽然不具有什么价值，却是自我内心活动的真实写照：《历史的叙述方式》《培养出超过自己的学生》《又逢戊戌》《逝去的人们》。

五年前，我将这一类不那么繁琐的文字结集为《依然如旧的月色》，并自作主张加了一个副题"学术随笔集"，结果被一些读者识破而指责。由此，我才第一次知道"随笔"本属一种高尚优美的文体，并不是字面上"随便写写"的意思。这一次我可真不敢再冒充什么"学术随笔"了。我不知道这些文字应当属于何种文体（自称为"历史的叙述方式"），比起我这些年所写的繁琐考证的论文，不那么长（减少引文，减少分析），不那么绕（截弯取直，略去论证），或许还可以随便看看。

茅海建

2018 年 8 月 21 日于横琴